LA LESIONE DELLA RISERVATEZZA INFORMATICA E TELEMATICA

Vincenzo G. Calabrò

LA LESIONE DELLA RISERVATEZZA
INFORMATICA E TELEMATICA

Autore: Vincenzo G. Calabrò

2004 © Lulu Editore

ISBN 978-1-4461-2475-8

Novembre 2010 Seconda edizione

Distribuito e stampato da:

Lulu Press, Inc.

3101 Hillsborough Street

Raleigh, NC 27607

USA

La Lesione della Riservatezza

Informatica e Telematica

INTRODUZIONE.   1

CAPITOLO I L'ACCESSO ABUSIVO A SISTEMI INFORMATICI E TELEMATICI.   4

I computer crimes.   4

L'art. 4 L. 547/1993 e il reato ex art. 615 ter c.p.   9
Natura giuridica del reato.   9
Tipologie di oggetto materiale: sistemi informatici e sistemi telematici.   11

Il bene giuridico o l'interesse tutelato dall'art. 615-ter c.p.   19
Il domicilio informatico e la riservatezza informatica.   19

CAPITOLO II LA TUTELA DEI DATI PERSONALI.   34

Il problema della tutela dei dati contenuti nel computer.   34

La protezione dei dati e la tutela dei dati personali.   40

La nuova disciplina sulla tutela dei dati personali introdotta dal Codice della privacy.   48
Particolari categorie di dati.   57

CONCLUSIONE.   60

BIBLIOGRAFIA.   62

Introduzione.

Spesso le cronache giornalistiche piazzano in prima pagina notizie che riguardano attacchi che mirano alla violazione di sistemi informatici o telematici, enfatizzando la figura degli Hackers.

Questo avviene, evidentemente, perché la società odierna ha acquisito una certa sensibilità al problema, non tanto per una mera curiosità tecnica, bensì, perché ci è resi conto dei pericoli che potrebbe generare.

L'uso intensivo degli strumenti informatici, ma soprattutto le loro potenzialità nel trattamento automatico di grandi quantità di dati, ha evidenziato i punti deboli degli stessi e la criminalità, ovviamente, si è subito resa conto di ciò.

Alla proliferazione di crimini commessi attraverso le tecnologie informatiche, ha fatto simmetricamente riscontro una sempre più crescente esigenza di tutelare i dati e le informazioni contenute nei sistemi informatici o telematici, e, in modo particolare, i dati personali.

Il problema, a cui si vuole dare una risposta, non è rivolto solo alla classificazione del reato di accesso abusivo, ma, bensì, alla natura del bene giuridico tutelato dal reato informatico. Per tale motivo si cercherà di analizzare i crimini informatici introdotti con la Legge 23 dicembre 1993 n. 517 ed in particolare il reato di "accesso abusivo a sistemi informatici e telematici" con specifico riferimento al bene giuridico tutelato, e alla protezione dei dati contenuti nel sistema, quindi in relazione a quest'ultimo aspetto si parlerà del problema della tutela dei dati personali quale sottocategoria qualificata di dati informatici, ponendo l'accento sulla disciplina del nuovo "Codice della *privacy*", di cui al D.Lgs. 196/2003.

Di conseguenza l'argomento che si vuole trattare in questo lavoro è direttamente riconducibile sia alla materia "Criminalità Informatica" che alla "Sicurezza Informatica".

Si concluderà quindi con la tesi, che si può definire della "lesione della riservatezza informatica e telematica", secondo la quale, la previsione del reato di accesso abusivo ai sistemi informatici e telematici, quale reato di danno, è volto anche a tutelare la segretezza di ogni dato ed ogni programma memorizzato nel sistema.

Prima di iniziare la trattazione dell'argomento occorre chiarire la figura dell'hacker, che tanti configurano impropriamente come criminali.

Se si fa una ricerca su Internet, facilmente, si troveranno tantissimi siti che spiegano la loro etica, che può essere riassunta nella liberalizzazione delle informazioni in un mondo dominato dalla tecnologia, quale presupposto per l'esercizio della libertà di pensiero.

Questo vuol dire, che, qualsiasi ostacolo alla libera diffusione delle informazioni, considerate patrimonio dell'umanità, secondo gli hackers, deve essere rimosso.

Inoltre l'hacker è spinto dal desiderio di poter dimostrare agli altri le proprie competenze ed abilità riuscendo laddove tutti avevano fallito.

Mentre, la finalità del criminale informatico, che tecnicamente utilizza le stesse conoscenze dell'hacker, è solitamente oggetto di richiesta di estorsione o ricatto.

Capitolo I
L'accesso abusivo a sistemi informatici e telematici.

I computer crimes.

In Italia, prima dell'intervento legislativo del 1993, non esisteva alcuna disposizione normativa specifica sui reati informatici o *computer crimes*. I princìpi di legalità e tassatività, correlati con il divieto dell'analogia *in malam partem* nel diritto penale ex art. 14 disp. prel. c.c., rendevano difficile l'applicazione delle norme penali a tali nuove fattispecie criminose, con il risultato di non colmare quel vuoto normativo esistente a causa dell'evolversi di tali nuove figure di reato.

Per questo motivo, le fattispecie relative ai *computer crimes* venivano ricondotte nell'ambito applicativo delle preesistenti norme "incriminatici", come quelle sul furto, sul danneggiamento, sulla frode o sulla truffa.

Le uniche due disposizioni suscettibili di applicarsi ai *computer crimes* erano l'art. 12 L. 121/1981 ("Nuovo ordinamento dell'Amministrazione della Pubblica Sicurezza") e l'art. 420 c.p., rubricato "Attentato ad impianti di pubblica utilità", così come modificato dalla L. 191/1978[1].

---

[1] Cfr. Correra-Martucci, L'evoluzione della criminalità informatica: nuovi crimini e nuovi criminali, in Rassegna it. di criminologia, 1991, 319 ss.

In particolare, per quanto concerneva la questione dell'inquadramento sistematico della fattispecie dell'accesso abusivo, esistevano in dottrina fondamentalmente tre orientamenti[2].

Una prima teoria sosteneva che l'accesso abusivo doveva essere ricondotto nell'ambito della violazione di domicilio ex art. 614 c.p..

Secondo un'altra corrente di pensiero tale illecito rappresentava invece un'ipotesi di sostituzione di persona o falsità personale, disciplinata dall'art. 494 c.p..

Infine, secondo una terza teoria, l'accesso abusivo doveva essere ricondotto nell'ambito dell'intercettazione delle comunicazioni telefoniche e telegrafiche prevista dall'art. 632 c.p..

Al fine di fare chiarezza in questo complesso panorama giuridico viene emanata la Legge 23 dicembre 1993 n. 547, recante modificazioni ed integrazioni alle norme del Codice penale e del Codice di procedura penale in tema di criminalità informatica, meglio conosciuta come la legge sui *computer crimes*.

L'espressione *computer crimes* è stata coniata, seguendo il tipico approccio giuridico anglosassone, per indicare tutti quegli illeciti aventi come mezzi od oggetti i *computers*, i sistemi informatici e quelli telematici[3].

---

[2] Cfr. E.Giannantonio, *Manuale di Diritto dell'Informatica,* CEDAM, Padova, 1997, 479 ss.
[3] Cfr., G.Pica, Diritto Penale delle Tecnologie Informatiche, Torino, UTET, 1999, 9 ss.

Dopo il *Computer Fraud and Abuse Act* statunitense e prima del *Computer Misuse Act* britannico[4] il Consiglio d'Europa, nella Raccomandazione n. R (89) 9 del 13 settembre 1989, provvedeva a redigere due liste di crimini informatici, che poi gli Stati membri avrebbero dovuto introdurre nei loro ordinamenti giuridici secondo i principi fondamentali dei propri sistemi penalistici.

La prima lista, cosiddetta "minima", conteneva le fattispecie ritenute essenziali ed imprescindibili[5].

La seconda lista, "facoltativa", conteneva altre fattispecie il cui inquadramento come illeciti penali era subordinato ad una valutazione discrezionale operata dai singoli Stati[6].

Il legislatore italiano è intervenuto con la già citata L. 23 dicembre 1993 n. 547, con la quale, pur rimarcando la diversità di oggetto materiale e di condotta criminosa rispetto alle figure di reato già codificate, e la novità rappresentata dalle nuove forme di aggressione criminosa, ha operato la scelta di non considerare i reati informatici come aggressivi di beni giuridici nuovi rispetto a quelli tutelati dalle norme incriminatrici preesistenti.

---

[4] Vedi *infra* cap.I pag. 3 ss.
[5] Cfr. G. Pica, voce *Reati informatici e telematici* in *Digesto, sez.Pen.,* agg., 2000, 521: la frode informatica, il falso informatico, il danneggiamento informatico, il sabotaggio informatico, l'accesso non autorizzato ad un sistema o ad una rete informatica, l'intercettazione non autorizzata di comunicazioni telematiche, la riproduzione e diffusione non autorizzate di un programma informatico protetto, la riproduzione non autorizzata di una topografia.
[6] Cfr. G. Pica, voce *Reati informatici* cit., 524: tali fattispecie erano l'alterazione di dati o programmi informatici, lo spionaggio informatico, l'utilizzazione non autorizzata di un elaboratore, l'utilizzazione non autorizzata di un programma informatico protetto.

Per questo motivo, il legislatore ha optato per una collocazione sistematica di tali nuove fattispecie che potrebbe definirsi "eterogenea", poiché ha ripartito le medesime tra le varie categorie di delitti già previste dal libro II° del Codice penale.

Per quanto concerne poi la questione della volontà del legislatore di inquadrare i *computer crimes* all'interno del Codice penale vigente, invece di disciplinarli con una legge speciale apposita, secondo la migliore dottrina[7] tale scelta è da valutare positivamente, sia perché in tale modo si è evitato di affiancare al codice vigente l'ennesima legge speciale, sia perché in ultima analisi i reati informatici sarebbero stati confinati in un settore non centrale dell'ordinamento penale.

I reati informatici si possono distinguere in due categorie, a seconda che senza l'elemento o lo strumento informatico il reato esista autonomamente o meno.

Se l'illecito esiste autonomamente, anche a prescindere dall'elemento informatico, si parla di "reato eventualmente informatico"[8].

Se invece, in assenza dell'elemento informatico, il fatto non integrerebbe gli estremi di alcun reato, si parla di "reati necessariamente informatici".

---

[7] Cfr. Pica, Diritto Penale delle tecnologie informatiche, 19 ss.
[8] Un esempio di questa categoria potrebbe essere la "diffamazione *on line*", tipica applicazione a livello informatico del reato di cui all'art. 595 c.p..

Secondo un'autorevole orientamento dottrinale[9], le caratteristiche peculiari dei reati necessariamente informatici sono fondamentalmente tre.

Innanzitutto, la peculiarità dei mezzi, quando il sistema informatico o telematico sia usato come strumento per compiere il reato.

In secondo luogo, la natura dell'oggetto materiale, che può manifestarsi in cose visibili, come nel caso in cui sia aggredito un sistema informatico o telematico, o invisibili, come nel caso dell'illecita appropriazione, manipolazione o distruzione di dati contenuti nel sistema. In questo caso, è necessario richiamare preliminarmente la disputa dottrinale tra la tesi che considera tali dati come beni invisibili ma pur sempre fisici e dunque, da non intendersi come beni immateriali[10], e l'orientamento che li considera quali proiezioni della personalità individuale.

Infine, *last but not least,* la questione riguardante l'oggetto giuridico del reato, se cioè si tratti dei beni giuridici preesistenti già tutelati dalle norme incriminatrici e violati con nuove forme di aggressione, ovvero di nuovi beni giuridici nascenti dall'applicazione dell'informatica e della telematica.

---

[9] L.Picotti, voce *Reati Informatici,* in Enc. Giur. Trecc., 1999, XXVI, 11 ss.
[10] Cfr. G. Pica voce *Digesto* cit., 526

L'art. 4 L. 547/1993 e il reato ex art. 615 ter c.p.

Natura giuridica del reato.

L'art. 615-ter c.1 c.p. stabilisce che "chiunque abusivamente si introduce in un sistema informatico o telematico protetto da misure di sicurezza, ovvero vi si mantiene contro la volontà espressa o tacita di chi ha il diritto di escluderlo, è punito con la reclusione fino a tre anni".

Passiamo ad analizzare il reato nei suoi elementi costitutivi strutturali.

Si evince che si tratta di un reato monosoggettivo, poiché non necessita di una pluralità di agenti, e comune, perché può essere commesso da chiunque e non è necessaria alcuna qualifica particolare in capo al soggetto agente.

Con riferimento alla consumazione, la dottrina[11] ha operato una distinzione, definendo tale illecito come istantaneo nel caso dell'abusiva introduzione, permanente[12] nel caso dell'abusivo mantenimento.

---

[11] Cfr. Crespi-Stella-Zuccalà, *Commentario Breve al Codice Penale*, CEDAM, Padova, 1999, 1738.

[12] La distinzione tra reato istantaneo e permanente è rilevante soprattutto con riferimento alle conseguenze del reato: con riferimento alla prescrizione, il relativo termine inizia a decorrere dal momento della cessazione della permanenza; con riguardo alla flagranza, che cessa con il cessare della permanenza; con riferimento alla competenza per territorio, che si determina nel luogo in cui cessa la condotta offensiva; infine con riferimento al decorso dei termini per proporre querela e per l'applicabilità dell'amnistia.

Con riguardo alla condotta e all'evento, la dottrina[13] qualifica tale illecito come un reato di pura condotta, perché il reato si consuma nel momento dell'abusiva introduzione o dell'abusivo mantenimento, momenti già considerati dal legislatore come sufficienti ad integrare la soglia di punibilità del crimine.

Con riferimento all'offesa prodotta[14], si tratta di reato di danno secondo alcuni, di pericolo astratto[15] secondo altri[16].

Infine, relativamente alla forma[17], è ragionevole ritenere che si tratti di un reato a forma vincolata, poiché l'illecito si realizza con l'introduzione abusiva o con il mantenimento abusivo, condotte che si richiedono forme rigide tipizzate come la violazione di sistemi di

---

[13] Cfr. Pica, Diritto Penale cit., 40.

[14] Come si sa, mentre la distinzione tra reati di pura condotta e di evento riguarda il principio di materialità (*nullum crimen sine actione*), ed attiene al profilo dell'esistenza o meno *in rerum natura* del risultato della condotta dell'agente, da cui la legge fa dipendere l'esistenza del reato, la distinzione tra reati di danno e reati di pericolo riguarda invece il principio di offensività (*nullum crimen sine iniuria*), ed inerisce alla lesione (danno) o messa in pericolo (pericolo) del bene della vita tutelato dalla norma incriminatrice.

[15] La dottrina suole distinguere tra reati di pericolo concreto, reati di pericolo astratto e reati di pericolo presunto, anche se non tutti accettano questa ripartizione, riunendo i reati di pericolo astratto e presunto in un'unica categoria (cfr. Fiandaca-Musco, *Manuale di Diritto Penale Parte generale*, 1999, 173). Mentre i reati di pericolo concreto sarebbero quei reati dove il pericolo è elemento tipico del reato, menzionato espressamente dalla norma incriminatrice, e per questo soggetto al concreto accertamento in sede probatoria (es. il delitto di strage ex art. 422 c.p.), nei reati di pericolo astratto il pericolo, pur non menzionato esplicitamente dalla legge, sarebbe implicito nella norma e soggetto ad una presunzione relativa in virtù della potenzialità lesiva generica della condotta (es. il reato di atti osceni in luogo pubblico ex art. 527 c.p.); infine, nei reati di pericolo presunto il pericolo sarebbe presunto in modo assoluto, in virtù di particolari valutazioni di politica criminale operate dal legislatore con riferimento a quel det. bene tutelato dalla norma incriminatrice (es. il delitto di incendio doloso ex art. 423 c.1 c.p.).

[16] Cfr. M.Mantovani, Brevi note a proposito della nuova legge sulla criminalità informatica in Critica del Diritto, 1994, 18.

[17] Con riferimento alla forma la dottrina suole distinguere tra reati a forma libera o causali puri, e reati a forma vincolata. Mentre nei primi la legge richiede come requisito sufficiente la causalità della condotta rispetto all'evento, senza necessità di una particolare forma, nei reati a forma vincolata la legge richiede che la condotta tipica avvenga con determinate modalità.

sicurezza ed il mantenimento abusivo attraverso operazioni non autorizzate all'interno del sistema informatico o telematico.

Tipologie di oggetto materiale: sistemi informatici e sistemi telematici.

Dopo avere brevemente esposto i tratti essenziali del delitto ex art. 615-ter c.p., è necessario soffermarsi sull'oggetto materiale della condotta di accesso abusivo, che può investire un sistema informatico ovvero un sistema telematico.

Occorre premettere che l'analisi dell'oggetto materiale del reato ex art. 615-ter presuppone la conoscenza della differenza tra la scienza informatica, alla quale va riportato il concetto di "sistema informatico", e la scienza telematica, alla quale appartiene la nozione di "sistema telematico".

Il termine "informatica"[18] è stato coniato nel 1962 dal francese Philippe Dreyfus, che ha riunito le due parole "informazione" ed "automatica" in un solo vocabolo. Venne poi ripreso dall'Acadèmie Francaise che, nel 1967, lo fece confluire nella seguente definizione: "l'informatica è la scienza del trattamento razionale, in particolare per mezzo di macchine automatiche, dell'informazione considerata come il supporto delle conoscenze e delle comunicazioni nei settori tecnico, economico, e sociale"[19].

---

[18] Cfr. V.Frosini, *Telematica e Informatica giuridica*, in *Enc. Dir.* XLIV, 1992, 60ss.
[19] Cfr. V.Frosini, op.cit., 61.

Il termine "telematica" venne coniato da due studiosi francesi, Simon Nora e Alain Minc che, nell'ambito del rapporto *"L'informatisation de la société"* del 1978, contrassero in un unico termine i vocaboli di "telecomunicazione" e "informatica". La telematica è dunque la scienza che studia "i metodi tecnologici e le tecniche di trasmissione del pensiero a distanza mediante l'impiego di un linguaggio computerizzato, che veicola informazioni automatizzate, ed il suo nucleo essenziale consiste nella possibilità offerta alla mente umana di operare un collegamento a distanza, in un rapporto diretto tra due interlocutori ovvero a diffusione radiale, a differenza dei precedenti strumenti di trasmissione, valendosi di una rete di trasmissione elettronica o per via etere, il che consente al pensiero di muoversi in forma astratta ed in tempo reale, senza essere condizionato da un supporto materiale come avveniva in precedenza con la pagina scritta"[20].

Da un punto di vista più squisitamente tecnico, invece, sia il concetto di "sistema informatico" sia quello di "sistema telematico" presuppongono un elemento in comune, l'elaboratore. Nella scienza informatica l'elaboratore o *computer* in senso generale è quella "macchina in grado di eseguire istruzioni che operano su dati. L'elemento distintivo di un *computer* è la capacità di tenere in memoria

---

[20] Cfr. V.Frosini, op.cit., 61.

istruzioni. Ciò rende possibile eseguire molte operazioni senza che l'utente debba impartire ogni volta nuove istruzioni"[21].

Sulla base di tale definizione, gli elementi indefettibili di ogni singolo *computer* sono l'*hardware* e il *software*.

Il primo è costituito da tutte le componenti elettriche e meccaniche del *computer*, consistendo nell'insieme dei componenti fisici, elettronici, magnetici, ecc. del medesimo e per questo la sua caratteristica essenziale è la materialità.

Al contrario, il secondo è costituito dall'insieme dei programmi delle informazioni e dei dati contenuti o inseriti nel *computer* e necessari al suo funzionamento[22].

Sulla base di tali premesse concettuali, si può ora procedere ad un'analisi dei concetti di "sistema informatico" e "sistema telematico" in un senso più propriamente giuridico.

La nozione di "sistema informatico" dev'essere individuata, come detto, nell'ambito della scienza informatica: con riferimento alla definizione di tale nozione, vi sono in dottrina principalmente due teorie.

Secondo un primo orientamento[23], il concetto di "sistema informatico" sostanzialmente si identifica con quello di "*computer*", inteso come "un apparato elettronico che funzioni a programma, nel

---

[21] Cfr. D.A. Downing-M.A. Covington-M.M. Covington "*Dizionario di Internet e Computer*" Ed. Sole 24Ore, 112.
[22] Cfr. Albanese-Cardoni, "*Introduzione all'uso del P.C.*", Esselibri, 2001, 8.
[23] Cfr. AA.VV. *Profili penali dell'informatica*, Giuffrè, Milano, 1994, 4 ss.

quale i segnali oggetto di elaborazione decisiva siano digitali (cioè costituiti da BIT) e non analogici, e la cui elaborazione avvenga sulla base della logica di Boole (AND, OR, NOT) " [24].

Secondo un altro orientamento, di gran lunga prevalente, il concetto di "sistema informatico" dev'essere inteso in un'accezione più ampia, e precisamente come "il complesso organico degli elementi fisici ed astratti (comprendenti, fra gli altri, l'*hardware*: insieme dei componenti fisici, cioè meccanici, magnetici, elettrici, elettronici, e il *software*: l'insieme dei programmi, procedure, regole di funzionamento), che compongono un apparato di elaborazione dati o informazioni"[25], ovvero come "il complesso di apparecchi e di programmi finalizzati ad acquisire in modo automatico ed elaborare le informazioni: tali apparecchi sono i c.d. elaboratori o *computers*, cioè strumenti capaci di raccogliere, analizzare, aggregare, separare, ordinare, sintetizzare i dati forniti"[26].

In base a quanto appena detto, si deve aggiungere che il concetto di "sistema informatico" non comprende solamente il *computer* inteso come insieme di apparecchiature elettroniche nella suesposta accezione, ma anche altre tipologie di sistemi informatici, quali i sistemi di scrittura o di automazione d'ufficio ad uso individuale

---

[24] Cfr. AA.VV., op. cit., 69.
[25] Cfr. Mantovani, op. cit., 454.
[26] Cfr. Antolisei, Manuale di Diritto Penale Parte speciale, 222.

o collettivo, il *software* di base e quello applicativo[27], e il patrimonio informatico contenuto nel sistema, comprensivo di tutti quegli elementi che il sistema, concepito come un involucro elettronico, contiene. Informazioni, dati, programmi, suoni, immagini, disegni grafici, e tutto ciò che sia suscettibile di essere registrato, memorizzato, modificato, cancellato, o scambiato con altri sistemi informatici o telematici[28].

Da notare che secondo la prevalente giurisprudenza di legittimità, per "sistema informatico" deve intendersi "quel complesso di apparecchiature destinate a compiere una qualsiasi funzione utile all'uomo, attraverso l'utilizzazione, anche parziale, di tecnologie informatiche, che sono caratterizzate per mezzo di un'attività di 'codificazione' e 'decodificazione' dalla 'registrazione' o 'memorizzazione', per mezzo d'impulsi elettronici, su supporti adeguati, di 'dati', cioè di rappresentazioni elementari di un fatto, effettuata attraverso simboli (bit), in combinazioni diverse, e dalla elaborazione automatica di tali dati, in modo da generare 'informazioni', costituite da un insieme più o meno vasto di dati organizzati secondo una logica che consenta loro di esprimere un particolare significato per l'utente. La valutazione circa il

---

[27] Cfr. Albanese-Cardoni, op.cit., 10, secondo cui "per *software* di base o di sistema s'intendono tutti i programmi basilari per il funzionamento dell'elaboratore e di tutti i suoi componenti, mentre invece il *software* applicativo è composto da tutti i programmi che risolvono i problemi specifici dell'utente, rispondendo ad esigenze di varia natura, come l'elaborazione di testi, la gestione di fogli elettronici, la gestione di basi di dati, ecc."
[28] Cfr. Pica, Diritto Penale cit., 23.

funzionamento di apparecchiature a mezzo di tali tecnologie costituisce giudizio di fatto insindacabile in cassazione ove sorretto da motivazione adeguata ed immune da errori logici"[29].

Per cui l'oggetto della condotta di cui all'art. 615-ter c.p. può essere, come detto, sia un sistema informatico, che un sistema telematico.

Secondo una parte della dottrina[30], la rubrica ed il testo letterale dell'art.615-ter c.1 c.p., che parla esplicitamente di introduzione o trattenimento abusivi in un sistema informatico o telematico", conterrebbe una inutile ripetizione terminologica, e la differenziazione tra i due tipi di sistema operata dalla norma sarebbe addirittura ultronea, dovendo i sistemi informatici essere considerati come elementi costitutivi dei sistemi telematici, e per tale ragione la condotta di accesso abusivo verrebbe compiuta esclusivamente da soggetti non autorizzati che penetrano nel sistema per via telematica.

Tale opinione però non trova il conforto nella lettera della legge, che all'art. 615-ter c.2 n.2 stabilisce che "la pena è della reclusione da uno a cinque anni se il colpevole per commettere il fatto usa violenza sulle cose o alle persone, ovvero se è palesemente armato". In base a tale disposto normativo non sembra potersi dubitare che con tale statuizione la legge allude chiaramente al sistema informatico inteso in

---

[29] Cfr. Cass. sez. VI 99/214945.
[30] Cfr. Pica, *Diritto Penale* cit., 38 ss.

senso fisico, a prescindere da qualsiasi considerazione circa eventuali connessioni telematiche.

Accertato dunque che la tutela ex art. 615-ter c.p. riguarda tanto i sistemi informatici, quanto quelli telematici, è ora necessario definire cosa s'intende per "sistema telematico".

Anche con riferimento alla definizione del concetto di "sistema telematico" vi sono in dottrina due orientamenti fondamentali.

Secondo una prima teoria, il concetto di "sistema telematico" ricomprende "ogni forma di telecomunicazione" che si giovi dell'apporto informatico per la sua gestione, indipendentemente dal fatto che la comunicazione avvenga via cavo, via etere, o con altri sistemi"[31].

Secondo un altro orientamento invece il concetto di "sistema telematico" dev'essere inteso in un'accezione più ristretta, e limitato alle sole forme di comunicazione via cavo, ed essenzialmente alle comunicazioni via linea telefonica tra *computers*[32].

In considerazione dell'importanza e della molteplicità dei servizi telematici esistenti, che non sempre implicano un collegamento diretto tra *computers* via cavo telefonico[33], si ritiene opportuno sposare

---

[31] Cfr. AA.VV. op.cit., 7.
[32] Cfr. AA.VV., op. cit., 148.
[33] Cfr. Mantovani, *Manuale di Diritto Penale-Parte speciale*, 432: si pensi al *telefax o fax*: sistema di scambio tramite la rete di telecomunicazioni, di informazioni tra terminali, che riproduce non solo il contenuto, ma anche la disposizione e il formato del testo originale; al *teletext*, detto anche televideo, sistema di videoinformazione tramite la rete televisiva, unidirezionale-passivo, e ricettivo di una serie complessa di banche dati selezionabili dall'utente; alla videoconferenza, costituita dal collegamento video e fonico simultaneo di più utenti geograficamente distribuiti, mediante la rete di telecomunicazioni; ecc

l'accezione più ampia, ed intendere per sistema telematico "qualunque sistema di telecomunicazione che sia gestito con tecnologie informatiche, ovvero sia al servizio di tecnologie informatiche"[34].

---

[34] Cfr.Pica, Diritto Penale cit., 25.

Il bene giuridico o l'interesse tutelato dall'art. 615-ter c.p.

Il domicilio informatico e la riservatezza informatica.

Nella Teoria generale del reato i concetti di oggetto materiale ed oggetto giuridico del reato differiscono. Mentre l'oggetto materiale è "l'entità fisica o non fisica su cui cade la condotta tipica, l'oggetto giuridico è il bene o interesse, individuale o sovrindividuale, tutelato dalla norma ed offeso dal reato"[35].

Da questa distinzione deriva un altro problema non meno importante, quello della correlazione tra la norma incriminatrice e la categoria di delitti alla quale essa appartiene, ai fini dell'individuazione del bene giuridico tutelato. L'art. 615-ter è stato inserito nel titolo del codice penale dedicato ai delitti contro la persona, nella sezione IV del capo II, relativa ai delitti contro l'inviolabilità del domicilio.

Tale collocazione sistematica farebbe supporre che il bene giuridico tutelato dall'art. 615-ter c.p. sia il domicilio informatico inteso come estensione del domicilio comune: l'individuo, a cui il diritto all'inviolabilità del proprio domicilio è riconosciuto e garantito costituzionalmente[36], avrebbe dunque la libertà di estrinsecare la propria personalità sia all'interno del domicilio fisico, comprensivo di

---

[35] Cfr. Mantovani, Manuale di Diritto Penale-Parte generale, 211.
[36] Cfr. art. 14 c.1 Cost., secondo cui "il domicilio è inviolabile".

tutti i suoi elementi[37], sia all'interno del domicilio informatico, inteso come quel "luogo informatico nel quale la persona agisce ed estrinseca la propria personalità"[38].

Tuttavia, l'inserimento nella sezione IV del Capo II del Titolo XII del codice penale delle tre nuove fattispecie di reato di cui alla L. 547/1993 ha reso la questione dell'individuazione del bene giuridico protetto dall'art. 615-ter c.p. più complessa poiché, secondo un autorevole orientamento[39] con le nuove norme incriminatrici la sezione in esame non si limiterebbe più a tutelare il bene giuridico della libertà domiciliare intesa come "pace domestica"[40], ma tutelerebbe altresì un bene giuridico completamente diverso dal domicilio, cioè quello della riservatezza.

Sia il domicilio sia la riservatezza sono diritti riconosciuti e garantiti nell'ordinamento internazionale, nelle Convenzioni più risalenti come in quelle più recenti.

Si può ricordare innanzitutto l'art. 12 della Dichiarazione Universale dei Diritti dell'Uomo del 10 dicembre 1948, che parla espressamente del diritto di ogni individuo ad essere tutelato dalla

---

[37] Cfr. art. 614 c.1 c.p., secondo cui il domicilio comprende l'abitazione, i luoghi di privata dimora, e le appartenenze di essi.

[38] Cfr. Alma-Perroni, *Riflessioni sull'attuazione delle norme a tutela dei* sistemi informatici, in Dir. Pen. e Proc. Pen. 1997, 4, 505.

[39] Cfr. Mantovani, Parte speciale cit., 416.

[40] Cfr. Antolisei, op. cit., 220, secondo cui, con tale espressione, deve intendersi "quel generale interesse alla pace, alla tranquillità, ed alla sicurezza dei luoghi di privata dimora, che è condizione necessaria per la libera esplicazione della personalità umana".

legge contro interferenze arbitrarie nella sua vita privata e nella sua casa[41].

Inoltre, l'art. 8 della Convenzione Europea sulla salvaguardia dei Diritti dell'Uomo e delle libertà fondamentali sancisce il diritto di ogni persona al rispetto della sua vita privata e familiare[42].

Infine, da ultimo, l'art. 7 della Carta dei Diritti Fondamentali dell'Unione Europea[43] statuisce che "ogni individuo ha diritto al rispetto della propria vita privata e familiare, del proprio domicilio e delle sue comunicazioni".

Per quanto riguarda la tutela del domicilio, la medesima deve essere inquadrata nell'ambito degli artt. 2, 13, 14, e 15 Cost., che qualificano e tutelano come diritti inviolabili dell'uomo in primo luogo la libertà ad esplicare la sua personalità sia individualmente sia nelle formazioni sociali nelle quali essa si realizza, e poi la libertà personale, l'inviolabilità domiciliare e la libertà e segretezza della corrispondenza. In tale contesto il domicilio è tutelato dall'art. 14 c.1 Cost. che lo qualifica come "inviolabile".

---

[41] Tale norma è stata poi riprodotta integralmente nell'art. 17 del Patto Internazionale sui Diritti Civili e Politici adottato a New York il 16 dicembre 1966, secondo cui "nessuno può essere sottoposto ad interferenze arbitrarie o illegittime nella sua vita privata, nella sua famiglia, nella sua casa o nella sua corrispondenza, né ad illegittime offese al suo onore ed alla sua reputazione. Ogni individuo ha il diritto di essere tutelato dalla legge contro tali interferenze ed offese.

[42] "Ogni persona ha diritto al rispetto della sua vita privata e familiare, del suo domicilio e della sua corrispondenza. Non può esserci ingerenza della pubblica autorità nell'esercizio di tale diritto se non in quanto tale ingerenza sia prevista dalla legge e in quanto costituisca una misura che, in una società democratica, è necessaria per la sicurezza nazionale, l'ordine pubblico, il benessere economico del paese, la prevenzione dei reati, la protezione della salute o della morale, ovvero la protezione dei diritti e delle libertà altrui".

Tuttavia, il concetto di "domicilio" recepito nella Costituzione non coincide con quello contenuto nell' art. 43 c.c., con riferimento alle persone fisiche, e 46 c.c., relativamente alle persone giuridiche.

In base a tali norme "il domicilio di una persona è nel luogo in cui essa ha stabilito la sede principale dei suoi affari ed interessi, la residenza è nel luogo in cui la persona ha la dimora abituale, mentre per le persone giuridiche si ha riguardo al luogo in cui è stabilita la loro sede".

Come si può vedere, tale definizione da un lato è imperniata sulla distinzione tra domicilio, residenza, e dimora[44], e dall'altro fa riferimento alle vicende giuridico-patrimoniali della persona, e non alla sua sfera privata più intima.

Al contrario, il concetto penalistico di domicilio dev'essere inteso in senso più ampio di quello civilistico, poiché, dal combinato disposto degli artt. 614 e 615 c.p. si evince che esso comprende anche l'abitazione, ogni altro luogo di privata dimora, e le appartenenze di essi[45].

---

[43] Approvata dal Consiglio Europeo nel Vertice di Biarritz del 13/14 ottobre 2000 e proclamata solennemente ed unitariamente dai Presidenti del Parlamento Europeo, del Consiglio e della Commissione il 7 dicembre 2000, in occasione del Consiglio Europeo di Nizza.

[44] Cfr. A. Torrente, "*Manuale di Diritto Privato*", Giuffrè 1999, 91, secondo cui "mentre la residenza e la dimora sono situazioni di fatto ben definite, la determinazione del domicilio implica una valutazione che riguarda la sfera economico-sociale della persona, anziché quella fisica, presa in considerazione, invece, ai fini della residenza o della dimora".

[45] Cfr. Antolisei, op cit., 220, secondo cui "l'abitazione è il luogo dove la persona conduce vita domestica, da sola o con altri, in modo definitivo o temporaneo...Per 'luogo di privata dimora', d'altra parte, s'intende qualsivoglia sito ove taluno si soffermi per svolgervi un'attività inerente alla sua vita privata... Infine, 'le appartenenze' sono costituite dai luoghi che si presentano come accessori rispetto a quelli di privata dimora, in quanto predisposti per il loro godimento o servizio".

Mentre il concetto pubblicistico di domicilio, così come ora qualificato giuridicamente non ha mai posto particolari problemi sotto il profilo semantico ed interpretativo, diverso è il discorso per il concetto di "riservatezza".

Infatti, tale termine deriva dal sostantivo inglese *"privacy"*, il quale, tradotto letteralmente, significa sia "vita privata, intimità", sia "segretezza", sia "riservatezza"[46].

Per tale ragione la dottrina, riferendosi al concetto di "riservatezza", lo ha definito talvolta come *"right to be let alone"*[47], talvolta come *"right to privacy"*[48], talvolta ancora semplicemente come *"privacy"*[49].

Secondo un autorevole orientamento dottrinale, la riservatezza dev'essere definita come "l'interesse contrapposto alla diffusione pubblica di notizie riguardanti la vita privata della persona, indipendentemente dalla circostanza che tali notizie possano ledere altri diritti come l'onore, la reputazione, il decoro, e l'immagine del soggetto leso"[50].

Con riferimento alla questione dell'esistenza e della configurabilità giuridica di tale diritto, pur registrandosi in dottrina opinioni contrastanti, in virtù delle norme internazionali esistenti in

---

[46] Cfr Dizionario "Il Ragazzini" 3° Ed., p. 796.
[47] Cfr. Rossi Vannini, La criminalità informatica: le tipologie di computer crimes di cui alla L. 547/1993 dirette alla tutela della riservatezza e del segreto, in Riv.Trim.Dir.Pen.Econ.1994, VIII.
[48] Cfr. Galdieri, Teoria e pratica nell'interpretazione del reato informatico, 1997, 149.
[49] Cfr. F.Gazzoni, *Manuale di Diritto Privato*, 1998, 174.
[50] Cfr. A. Catricalà, *L'esame di Diritto Civile*, Maggioli, 2002, 183 ss.

materia, appare preferibile l'opinione che afferma l'esistenza di un diritto universale alla riservatezza, valido *"erga omnes"*[51].

Inoltre, mentre la dottrina dibatteva sull'interpretazione e la portata semantica di tale diritto[52], la giurisprudenza della Corte costituzionale, in una celebre sentenza[53], avallava l'inquadramento della riservatezza tra i diritti fondamentali della persona, riconducendo la riservatezza nell'alveo dell'art. 2 Cost.: "Fra i diritti inviolabili dell'uomo affermati, oltrechè nell'art. 2, negli artt. 3 c.2, e 13 c.1 Cost., rientrano quelli del proprio decoro[54], onore[55], rispettabilità, riservatezza, intimità, e reputazione[56], sanciti espressamente negli artt. 8 e 10 della Convenzione Europea dei Diritti dell'Uomo. Anche la tutela del diritto all'immagine, propria e degli stretti congiunti, è perciò riconducibile all'art. 2 Cost.".

L'ordinamento civilistico italiano, fino all'emanazione del "Codice della *privacy*" (D.Lgs. 196/2003), non prevedeva un'esplicita previsione del diritto alla riservatezza. Per cui, questo concetto giuridico, sotto il profilo interpretativo, era stato ricavato dal combinato disposto dell'art. 10 c.c., sul diritto alla tutela della propria

---

[51] Cfr. Rossi Vannini, op.cit. 439.
[52] Cfr. Catricalà, op.cit., 183 ss.
[53] Cfr. Corte Cost., S. n. 38 del 21.02-12.04 1973.
[54] Secondo la consolidata giurisprudenza penalistica il decoro va definito come "l'insieme delle doti fisiche, intellettuali, e professionali di una persona".
[55] L'onore dev'essere invece definito, dal lato soggettivo, come "il sentimento del proprio valore sociale", dal lato oggettivo, come la considerazione che l'individuo gode in una det. Comunità (c.d.reputazione).
[56] Secondo la consolidata giurisprudenza penalistica il decoro va definito come "l'insieme delle doti fisiche, intellettuali, e professionali di una persona".

immagine contro abusi commessi da terzi[57], e degli artt. 96-98 della legge sul diritto di autore, che tutelano il c.d. "diritto al ritratto"[58].

Il legislatore del 1993, partendo da questa conclusione, ha aggiunto alla riservatezza intesa in senso tradizionale come diritto dell'individuo al rispetto della sua vita privata e familiare, il concetto di "riservatezza delle comunicazioni informatiche o telematiche", considerandola sotto il duplice profilo della libertà di utilizzare un sistema informatico o telematico, e dell'impregiudicatezza dell'integrità dei dati e delle informazioni in esso contenute.

Il problema della mancanza di una disposizione normativa espressa che contemplasse il diritto alla riservatezza è stato oramai definitivamente superato con l'art. 2 c.1 D.Lgs. 196/2003, che esplicitamente inquadra tale diritto, insieme con il diritto all'identità personale e il diritto alla protezione dei dati personali, nell'ambito dei diritti e delle libertà fondamentali della persona.

In base a quanto appena detto, sulla questione dell'individuazione del bene giuridico tutelato dall'art. 615-ter c.p. in dottrina esistono fondamentalmente tre orientamenti.

---

[57] L'art. 10 c.c., rubricato "abuso dell'immagine altrui", stabilisce quanto segue: "Qualora l'immagine di una persona o dei genitori, del coniuge o dei figli sia stata esposta o pubblicata fuori dei casi in cui l'esposizione o la pubblicazione è dalla legge consentita, ovvero con pregiudizio al decoro o alla reputazione della persona stessa o dei detti congiunti, l'autorità giudiziaria, su richiesta dell'interessato, può disporre che cessi l'abuso, salvo il risarcimento dei danni".

[58] Cfr. gli artt. 96 ss. della l. 22 aprile 1941 n. 633, secondo cui il ritratto di una persona, finchè questa è ancora in vita, non può essere esposto, riprodotto, o messo in commercio senza il suo consenso. Il consenso invece non è necessario se la persona è famosa o popolare, ma la riproduzione dell'immagine dev'essere giustificata dalla notorietà o dall'ufficio pubblico coperto, da necessità di giustizia o di polizia, da scopi scientifici, didattici o culturali, e collegata a fatti avvenimenti e cerimonie di interesse pubblico o svoltisi in pubblico.

Secondo una prima teoria, in virtù della collocazione sistematica dell'art. 615-ter tra i delitti contro l'inviolabilità del domicilio, anche considerando il tenore testuale della Relazione ministeriale alla L. 547/1993, oggetto della tutela di cui al reato di accesso abusivo a sistemi informatici o telematici sarebbe il bene giuridico del domicilio informatico[59].

Secondo questa tesi, oggetto materiale del reato non sarebbero i dati, le informazioni ed i programmi contenuti nell'elaboratore, sotto il profilo della loro integrità e riservatezza, bensì il loro involucro, cioè l'elaboratore che li contiene.

Da ciò consegue che la soglia di punibilità del reato ex art. 615-ter c.p. sarebbe anticipata al momento dell'illecita intrusione nell'elaboratore altrui, condotta punibile anche nella forma del tentativo.

Il presupposto della collocazione dell'art. 615-ter nella sezione dei delitti contro l'inviolabilità del domicilio sarebbe dato dal fatto che il domicilio informatico altro non rappresenta che un'esplicazione del concetto di "luogo informatico" inteso come "la dimensione nella quale sono allocati i dati informatici di ciascuno"[60].

Questa opinione sarebbe suffragata inoltre anche dal testo letterale della Relazione ministeriale al disegno di legge sui crimini informatici: "i sistemi informatici telematici costituiscono

---

[59] Cfr. Pica, Diritto Penale cit. 60 ss; Galdieri, op.cit. 135 ss.
[60] Cfr. Pica, Diritto Penale cit., 62; Galdieri, op. cit., 143.

un'espansione ideale dell'area di rispetto pertinente al soggetto interessato, garantita dall'art. 14 Cost., e penalmente tutelata nei suoi aspetti più essenziali e tradizionali dagli artt. 614 e 615 c.p."[61].

In quest'ottica, tale illecito dovrebbe essere considerato come un reato di danno, in quanto l'abusiva introduzione o l'abusivo mantenimento dell'altrui sistema informatico o telematico produrrebbe la lesione della c.d. *"privacy* informatica".

Tale opinione è sostenuta anche dalla giurisprudenza di legittimità, secondo cui "con la previsione dell'art. 615-ter c.p., introdotto a seguito della legge 23 dicembre 1993, n. 547, il legislatore ha assicurato la protezione del 'domicilio informatico' quale spazio ideale (ma anche fisico in cui sono contenuti i dati informatici) di pertinenza della persona, ad esso estendendo la tutela della riservatezza della sfera individuale, quale bene anche costituzionalmente protetto.

Secondo quest'impostazione, l'art. 615-ter c.p. non si limiterebbe a tutelare solamente i contenuti personalissimi dei dati raccolti nei sistemi informatici protetti, ma offre una tutela più ampia che si concreta nello *ius excludendi alios*, quale che sia il contenuto dei dati racchiusi in esso, purchè attinente alla sfera di pensiero o all'attività lavorativa o non, dell'utente; con la conseguenza che la tutela della legge si estende anche agli aspetti economico-patrimoniali

---

[61] Cfr. Camera dei Deputati, XI Legislatura, Disegno di legge n. 2773, Relazione del Ministro di Grazia e Giustizia, p. 9.

dei dati sia che il titolare dello *ius excludendi* sia persona fisica, sia giuridica, privata o pubblica, o altro ente"[62].

Nonostante la posizione tendenzialmente favorevole della giurisprudenza, la maggiore dottrina ha ampiamente criticato tale concezione, in primo luogo rifiutando *in toto* l'equivalenza tra i sistemi informatici e telematici di cui all'art.615-ter c.p. e i luoghi di domicilio ex art. 614 c.p. .

Infatti, l'equivalenza tra domicilio reale e domicilio informatico non potrebbe comunque essere accolta per l'impossibilità di far coincidere le nozioni di "abitazione", "luoghi di privata dimora", e le "appartenenze di essi" con i concetti di sistema informatico e di sistema telematico.

Si può affermare che le prime hanno un significato puramente spaziale, fisico, e materiale, e sono inquadrabili nell'ambito delle scienze giuridiche in quanto fanno riferimento al domicilio come ambito spaziale costituzionalmente tutelato nel quale la persona ha la libertà di estrinsecare e sviluppare la propria personalità[63].

Al contrario, i concetti di "sistema informatico" e di "sistema telematico" appartengono alle scienze informatiche e telematiche in quanto si incentrano sul concetto di "elaboratore"[64] che, come è stato autorevolmente definito con riferimento particolare al *personal computer*,

---

[62] Cfr. Cass. VI 99/3067.
[63] Cfr. art. 14 c.1 Cost., secondo cui "il domicilio è inviolabile".
[64] Il concetto di elaboratore è molto ampio e comprende diverse tipologie di apparecchi, come il personal computer, il portatile, il mainframe, il minicomputer, la workstation, ecc.

costituisce un sistema informatico ogni qualvolta sia autonomamente in grado di svolgere funzioni di gestione e di elaborazione dei dati in esso contenuti[65].

In secondo luogo, la dottrina ha obiettato che la teoria del domicilio informatico pecca sostanzialmente sia per difetto sia per eccesso. Per difetto, perché la teoria del domicilio informatico, considerando il *computer* come un "luogo informatico" di proiezione spaziale della persona, si limita alla tutela dei sistemi informatici o telematici relativi al singolo individuo, senza considerare i sistemi informatici o telematici di interesse militare, o relativi all'ordine pubblico o alla sicurezza pubblica, o alla sanità o alla protezione civile, o comunque di interesse pubblico, di cui all'art. 615-ter c.3 c.p., che invece, proprio in virtù del testo normativo rientrano completamente e totalmente nella tutela contro gli accessi abusivi. Per eccesso, poiché assimila alla sfera del *computer* tutte quelle dimensioni spaziali nelle quali la persona può liberamente estrinsecare la propria personalità, enucleate dalla nozione giuspenalistica di domicilio di cui all'art. 614 c.p..[66]

Se poi si volesse affermare che il bene giuridico leso è non il domicilio, ma la sfera di signoria esercitata sull'elaboratore dal suo *dominus*, si dovrebbe concludere per l'assimilazione dell'illecito ex art. 615-ter non più al reato di violazione di domicilio, ma al reato di

---

[65] Cfr. Pica Diritto Penale cit., 24.

ingresso abusivo nel fondo altrui di cui all'art. 637 c.p., che lede il bene giuridico del tranquillo esercizio del diritto di proprietà del titolare del fondo sul fondo stesso. Tale reato è punito con la pena della multa fino ad € 103, laddove il delitto di accesso abusivo è punito, nella sua forma semplice, con la pena della reclusione fino a tre anni.

Secondo un altro orientamento, le condotte incriminate non sarebbero altro che forme di aggressione del bene dell'integrità dei dati, dei programmi e delle informazioni contenute nel sistema informatico.

Questo assunto troverebbe il suo fondamento giuridico nella circostanza aggravante di cui al n.3 dell'art. 615-ter c.2 c.p.: "la pena è della reclusione da uno a cinque anni...se dal fatto deriva la distruzione o il danneggiamento del sistema o l'interruzione totale o parziale del suo funzionamento, ovvero la distruzione o il danneggiamento dei dati, delle informazioni, e dei programmi in esso contenuti".

Ciò implica che il reato di accesso abusivo sarebbe un delitto di pericolo astratto avente ad oggetto non il bene giuridico dell'inviolabilità domiciliare, ma un bene giuridico completamente diverso, il patrimonio, in quanto finalizzato ad un evento di danneggiamento o distruzione dei dati, ovvero di deterioramento della funzionalità del sistema, e che quindi potrebbe concorrere con altre fattispecie come il danneggiamento informatico ex art. 635-bis c.p., l'illecita diffusione di virus informatici ex art. 615-quinquies, ecc..

---

[66] Si fa esplicito riferimento ai concetti di "abitazione", "altro luogo di privata dimora", e le loro "appartenenze", esplicitamente previsti dall'art. 614 c.p..

Il limite principale di tale impostazione sarebbe quello di dare al concetto di "dato informatico" un'accezione troppo ristretta e limitata, considerando i dati non come emanazioni della personalità dell'individuo, ma come dei meri beni materiali, anche se invisibili, oggetto come tali dell'applicazione delle norme sulla proprietà, e, nella fattispecie di quelle sulla proprietà intellettuale sotto il profilo civilistico, e delle norme a tutela del patrimonio, sotto quello penalistico.

Infine, secondo un terzo orientamento le condotte incriminate non concreterebbero forme di aggressione del bene giuridico del domicilio inteso in senso penalistico, e neppure forme di aggressione al patrimonio, bensì forme di violazione della riservatezza dei dati e dei programmi contenuti in un sistema informatico.

In pratica, l'agente non autorizzato che accede abusivamente si introduce nel *computer* per procurarsi dei dati e "per carpire quanto di più riservato possa esservi custodito"[67].

Questa teoria sembra essere la più accettabile, perché in primo luogo fa salva l'esigenza di dare ai dati informatici la dignità di elementi proiettivi della personalità dell'individuo, sotto il profilo della sfera di esclusività conoscitivo-spaziale autorevolmente denominata come riservatezza[68]. In secondo luogo, non restringe la soglia di punibilità dell'illecito alla mera condotta intrusiva, ma la spinge fino al limite del

---

[67] Cfr. M. Mantovani, op.cit., 19, nota 137; AA.VV. op. cit., 28, nota 134.
[68] Cfr. Mantovani, Parte Speciale cit., 416.

procacciamento, del deterioramento, o del danneggiamento dei dati contenuti nell'involucro dell'elaboratore, facendo così diventare l'illecito di cui all'art. 615-ter c.p. un delitto di evento, con tutte le conseguenze giuridiche del caso, prima fra tutte quella della configurabilità del tentativo, oramai pacificamente ammesso in tale ipotesi dalla più autorevole dottrina[69].

Inoltre, con riferimento all'offesa giuridica prodotta, si tratterebbe anche in questo caso di delitto di pericolo astratto e non di delitto di danno ma, diversamente da quanto avviene nella fattispecie della tutela dei dati come elementi del patrimonio, non sarebbe un delitto-mezzo o strumentale all'illecito di cui all'art. 635-bis c.p., ma un delitto autonomo, che contempla non solo l'ipotesi del danneggiamento, ma anche quella dell'acquisizione illecita dei dati contenuti nell'elaboratore.

Ancora, a differenza dalla teoria del domicilio informatico, dove sarebbe punibile non già la distruzione dei dati, ma la mera condotta intrusiva, in virtù di una migliore applicazione del principio di offensività[70], l'art. 615-ter sarebbe applicabile solo in presenza di un effettivo danneggiamento o procacciamento illecito di dati.

---

[69] Cfr. Pica, Dir.Pen..cit., 58, secondo cui "si ha tentativo di introduzione abusiva allorquando l'agente, in presenza di una volontà contraria dell'avente diritto, cerchi di entrare nel sistema (ad es. digitando più *password*, oppure tentando di scardinare la chiave per accedere all'*hardware*), ma non vi riesca. Non si ha tentativo, invece se l'agente, dopo aver avuto accesso al sistema informatico altrui, non tenti di superare le misure di sicurezza esistenti: in tal caso infatti non si è in presenza di atti diretti in modo non equivoco alla violazione della *privacy* del sistema, ben potendo il soggetto essersi collegato senza sapere che l'accesso ai dati fosse protetto".
[70] Tale principio si esprime con il brocardo latino "*nullum crimen sine iniuria*".

Per questa ragione, non potrebbe applicarsi in presenza di quelle condotte inoffensive che si riscontrano nelle ipotesi di sistemi protetti da misure di sicurezza che non contengono alcun programma o dato, ovvero che contengano dati o programmi di pubblico dominio, ovvero l'accesso ai quali sia lecito in quanto, stante la possibilità di utilizzare la propria password, venga realizzato utilizzando una password altrui.

Resta inteso che, come già detto, i sistemi informatici oggetto dell'art. 615-ter c.p. sono quelli che costituiscono "involucri di dati, informazioni, e programmi" e che il bene giuridico tutelato è quello della riservatezza riferita ai dati memorizzati nel sistema.

Sfuggono completamente alla tutela ed all'applicazione dell'art. 615-ter c.p. i sistemi informatici non contenenti dati, in quanto "predisposti alla gestione ed al controllo del funzionamento di apparecchi che erogano beni o servizi"[71].

In queste ipotesi, la condotta di accesso abusivo non è strumentale al procacciamento o al danneggiamento di dati o programmi, ma alla fruizione di beni o servizi senza pagare il corrispettivo dovuto, ed assume rilevanza in ordinamenti, come quelli anglosassoni, dove costituiscono reato sia l'uso non autorizzato del sistema, sia il conseguimento fraudolento delle sue prestazioni.

---

[71] Cfr. C.Pecorella, op.cit., 330 ss.

Capitolo II
La tutela dei dati personali.

Il problema della tutela dei dati contenuti nel computer.

La circostanza aggravante di cui al n.3 dell'art. 615-ter c.2 c.p. stabilisce che "la pena è della reclusione da uno a cinque anni se dal fatto deriva la distruzione o il danneggiamento del sistema o l'interruzione totale o parziale del suo funzionamento, ovvero la distruzione o il danneggiamento dei dati, delle informazioni, e dei programmi in esso contenuti".

Accogliendo, come si è fatto, la teoria secondo cui le condotte incriminate dall'art. 615-ter c.p. non concreterebbero forme di aggressione del bene giuridico del domicilio inteso in senso penalistico, e neppure forme di aggressione al patrimonio, bensì forme di violazione della riservatezza dei dati e dei programmi contenuti in un sistema informatico, viene in rilievo il problema della tutela dei dati, delle informazioni, e dei programmi contenuti nel *computer*, che presuppone una corretta qualificazione tecnica di tali concetti.

Secondo un autorevole orientamento dottrinale, con il concetto di "dato" si suole indicare la "rappresentazione originaria, cioè non interpretata, di un fatto, fenomeno, o evento, effettuata attraverso simboli alfanumerici"[72].

Il dato singolo esprime, per ciò, l'unità di memorizzazione, cioè la misura più piccola nella scala dei valori di registrazione nella memoria del *computer*: il dato semplice, per essere decifrato ed interpretato dall'elaboratore, dovrà essere scritto secondo l'alfabeto dell'elaboratore medesimo, che si esprime in un codice composto da due entità numeriche, 0 ed 1, detto per questa ragione "codice binario" o "linguaggio macchina": in questo senso il *computer* può essere definito come un "elaboratore elettronico di dati"[73].

Sulla base di questa ricostruzione, l'informazione non sarebbe altro che "il risultato di quel processo di costruzione di cui i dati costituiscono le materie prime"[74].

L'informazione è dunque un insieme complesso di dati tra loro interconnessi, funzionale ad una determinata utilizzazione da parte dell'utente.

Invece, il concetto di "programma", può essere espresso anche con il termine inglese "*software*", che indica l' "insieme dei componenti di programmazione"[75] presenti in un P.C., e va distinto dall' "*hardware*",

---

[72] Cfr. Pica, voce Digesto cit., 526.
[73] Cfr. Albanese-Cardoni, op.cit., 64.
[74] Cfr. E.Fameli, "*Teoria, definizione e sistematica dell'Informatica giuridica*", in R.Nannucci, "*Lineamenti d' Informatica giuridica*", Ed.Scientifiche, Napoli, 2002, 7.
[75] Cfr. Il Ragazzini cit., p. 990.

o "ferraglia", che indica l'insieme delle apparecchiature e delle periferiche che costituiscono il *computer*[76].

Il programma indica, per ciò, l'insieme dei componenti di programmazione presenti nel *computer*: tale espressione sta a significare che il *software* è costituito da insiemi di dati interconnessi logicamente che a loro volta formano sequenze d'istruzioni suddivise in liste denominate "algoritmi di risoluzione".

In questo senso si può dire che l'algoritmo non è una semplice istruzione, ma un vero e proprio "procedimento per la risoluzione di un problema"[77] contenente una sequenza complessa d'istruzioni finalizzate a far eseguire all'elaboratore le funzioni volute dall'utente.

Per completezza di analisi va detto poi che da tempo l'evoluzione dei linguaggi di programmazione ha comportato il passaggio dal linguaggio macchina ai c.d. "linguaggi avanzati", che sono linguaggi dotati di regole rigide e sintassi complessa, ma autonomi rispetto all'unità del microprocessore centrale ed agli altri componenti del *computer*.

Saranno poi degli specifici *software* di traduzione, detti "compilatori", a convertire il nucleo originale del programma scritto in linguaggio avanzato, detto "programma sorgente" o "codice sorgente", in un programma comprensibile dall'elaboratore in quanto tradotto in linguaggio macchina, detto "programma oggetto" o "codice oggetto".

---

[76] Vedi *infra* pag. 15.
[77] Cfr. Vocabolario della lingua Italiana Zingarelli 2002, 68.

Chiariti questi concetti tecnici di base, rimane da vedere la qualificazione giuridica del termine "dato". Esistono in dottrina e in giurisprudenza fondamentalmente due orientamenti.

Secondo un primo orientamento[78], il concetto di dato non è un'entità astratta assimilabile ai beni immateriali, che la più autorevole dottrina giusprivatistica qualifica come "le cose incorporali che sono creazioni della nostra mente, concepibili solo astrattamente", e la cui tipica espressione sono i diritti sulle opere dell'ingegno[79].

In pratica, secondo quest'orientamento, i dati memorizzati sul *computer*, devono essere considerati non come beni immateriali, ma come "cose che hanno una loro fisicità e materialità, ancorchè non visibile all'occhio umano, consistendo in registrazioni su supporti ottici o magnetici di simboli numerici: per cui sono qualificabili come beni immateriali soltanto i diritti relativi alle creazioni intellettuali di cui sono espressione alcuni beni informatici"[80].

Su questa base, debbono essere considerati come cose oggetto di diritti i dati informatici, che rappresentano "tipiche espressioni di leggi fisiche, proprio grazie alle quali è possibile fissarli sui supporti magnetici ed ottici che li contengono. Ed anche allorché sono in fase di elaborazione da parte della macchina, sono costituiti da impulsi

---

[78] Cfr. Pica, Dir.Pen. cit. 27 ss; voce Digesto cit., 526.
[79] Cfr. Torrente, *Manuale di Diritto Privato*, Giuffrè 1999, 115.
[80] Cfr. art. 14 c.1 Cost., secondo cui "il domicilio è inviolabile".

elettrici che esprimono combinazioni di simboli numerici, quali rappresentazioni di concetti"[81].

Inoltre, secondo quest'orientamento i dati, le informazioni, ed i programmi memorizzati sul *computer*, essendo cose materiali sulle quali la persona esercita diritti e poteri di fatto secondo la relazione soggetto-oggetto, rientrerebbero in un concetto di proprietà di tipo dominicale: i dati informatici, come tutte le cose materiali, rappresentano cose esterne rispetto alla persona, e come tali possono essere oggetto del diritto di proprietà e di tutte quelle situazioni giuridiche soggettive qualificabili come diritti reali, disciplinate fondamentalmente dal Libro III del Codice civile italiano, e come oggetto della proprietà o di altro diritto reale dovranno essere tutelate.

Tuttavia, tenendo presente anche l'accezione dei dati informatici come beni immateriali, appare preferibile quell'autorevole orientamento dottrinale[82] che, come è stato già accennato parlando delle teorie sul tipo di bene giuridico tutelato dall'art. 615-ter c.p.[83], considera i dati informatici non come cose materiali esterne alla persona, bensì come vere e proprie emanazioni, proiezioni della persona stessa.

Seguendo quest'orientamento, i diritti alla riservatezza, all'identità personale, e alla protezione dei dati informatici, quali proiezioni della personalità dell'individuo, nell'ambito della categoria

---

[81] Cfr. Pica, Dir. Pen. cit., 27.
[82] Cfr. N.Lipari, "*Trattato di Diritto Privato Europeo*", vol. I, CEDAM 2003, 378 ss.

dei diritti soggettivi assoluti, non rientrano nella *species* dei diritti reali ma in quella dei diritti della personalità, e come tali devono essere considerati e tutelati. In pratica, in tali ipotesi il bene protetto cessa di essere un *quid* estraneo al titolare del diritto, per inerire alla stessa persona, alla sua individualità fisica, e coincidere con le sue esperienze di vita morali e sociali: il dato informatico dunque non è più oggetto di un diritto di proprietà, ma di un diritto diverso, cioè di un diritto della personalità che ha ad oggetto la tutela non di un'entità materiale qualsiasi, ma di dati informatici che, poiché riguardano la persona, possono essere ragionevolmente qualificati come dati personali.

---

[83] Cfr. pag. 26.

La protezione dei dati e la tutela dei dati personali.

A questo punto abbiamo inquadrato i dati informatici contenuti nel *computer* come dati personali, adesso è necessario oltrepassare il profilo giuspenalistico rappresentato dall'art. 615-ter c.p., ed esaminare brevemente l'evoluzione giuridica percorsa in tale materia, il cui iter trova un ideale punto di partenza nella Convenzione di Strasburgo del 28 gennaio 1981 sulla protezione delle persone rispetto al trattamento automatizzato di dati di carattere personale.

A livello comunitario sono intervenute, in primo luogo, la dir. 95/46/CE del 24 ottobre 1995 sulla tutela delle persone fisiche con riguardo al trattamento dei dati personali nonché alla libera circolazione dei dati, recepita in Italia dalla L. 31 dicembre 1996 n. 675, rubricata "tutela delle persone e di altri soggetti rispetto al trattamento dei dati personali", ora abrogata dal D.Lgs. 196 del 30 giugno 2003.

In secondo luogo, si devono segnalare la dir. n. 97/66/CE del 15 dicembre 1997, sul trattamento dei dati personali e sulla tutela della vita privata nel settore delle telecomunicazioni, recepita con D.Lgs. 171/1998, la dir. n. 02/58/CE del 12 luglio 2002 sul trattamento dei dati personali e la tutela della vita privata nel settore delle comunicazioni elettroniche, che sarà recepita dall'art. 26 della legge 14/2003 (legge comunitaria 2002).

Si devono segnalare il Reg. com. 18 dicembre 2000 n. 45/2002 del 18 dicembre 2000, sulla tutela delle persone fisiche in relazione al trattamento dei dati personali da parte delle istituzioni e degli organismi comunitari, nonché alla libera circolazione di tali dati, la Decisione della Commissione n. 497/2001 del 15 giugno 2001, concernente le clausole contrattuali per il trasferimento dei dati personali a Stati terzi in attuazione della direttiva n. 95/46, e gli artt. 7[84] ed 8[85] della Carta dei Diritti Fondamentali dell'Unione Europea, approvata dal Consiglio Europeo nella riunione di Biarritz del 13/14 ottobre 2000, e proclamata solennemente dai Presidenti del Parlamento Europeo, del Consiglio dell'Unione Europea, e della Commissione Europea, in occasione del Consiglio Europeo di Nizza, il 7 dicembre 2000.

Per l'argomento trattato in questo lavoro è necessario soffermarsi in particolare sulla dir. 95/46/CE, sulla normativa di recepimento nell'ordinamento italiano, la L. 675/1996, per arrivare poi al Codice della *privacy* (D. Lgs. 196/2003).

Il nucleo fondamentale della dir. 95/46/CE è costituito dal contemperamento di due interessi contrapposti ed altrettanto importanti: da un lato l'obbligo degli Stati membri di garantire la tutela dei diritti e delle libertà fondamentali delle persone fisiche e particolarmente del diritto alla vita privata con riguardo al trattamento

---

[84] L'art. 7 stabilisce che "Ogni individuo ha diritto al rispetto della propria vita privata e familiare, del proprio domicilio e delle sue comunicazioni".

[85] L'art. 8 stabilisce che "Ogni individuo ha diritto alla protezione dei dati di carattere personale che lo riguardano. Tali dati devono essere trattati secondo il principio di lealtà, per finalità determinate, e in base al consenso della persona interessata o a un altro fondamento legittimo previsto dalla legge. Ogni individuo ha il diritto di accedere ai dati raccolti che lo riguardano e di ottenerne la rettifica. Il rispetto di tali regole è soggetto al controllo di un'autorità indipendente".

dei dati personali. Dall'altro, il divieto per gli Stati di restringere o vietare la libera circolazione dei dati personali, contemplato dall'art. 1 della dir. 95/46/CE.

Inoltre, gli Stati membri hanno l'obbligo di precisare le condizioni in virtù delle quali il trattamento dei dati personali può dirsi lecito (art. 5), e dispongono che i dati personali devono essere trattati lecitamente, lealmente, e rilevati per finalità determinate, esplicite, e legittime, e successivamente trattati in modo non incompatibile con tali finalità, adeguati e pertinenti alle finalità per cui vengono trattati, e conservati in modo da consentire l'identificazione delle persone interessate per il tempo necessario al conseguimento delle finalità (art. 6).

Come rilevato da autorevole dottrina[86], "il principio di finalità – nella sua duplice veste di legittimità della rilevazione e conformità all'uso dichiarato – costituisce la pietra angolare dell'intero sistema, alla stregua del quale di volta in volta andrà bilanciato l'interesse perseguito nella raccolta del dato ed il sacrificio imposto alla persona cui esso si riferisce. La minaccia alla sfera privata risiede non nel contenuto dell'informazione ma nell'uso che il responsabile del trattamento intende farne e nella finalità realmente perseguita: scongiurare il pericolo è possibile a patto che la raccolta e il trattamento muovano da scopi espliciti, determinati e legittimi alla stregua dell'interesse generale

---

[86] Cfr. Lipari, op.cit., 390.

(della pubblica autorità) ovvero di quello particolare, perseguito dal responsabile".

In pratica, con queste disposizioni il legislatore comunitario non ha voluto né affermare un diritto assoluto alla vita privata, né sopprimerlo, ma semplicemente prevedere che nel caso di trattamento dei dati per scopi meritevoli di tutela l'interesse privato del singolo individuo soccombesse di fronte all'interesse pubblico al trattamento di tali dati.

Su questa base, la L. 675/1996 ha disciplinato il trattamento dei dati personali tutelandone la libertà, in quanto conforme al rispetto dei diritti, delle libertà fondamentali, e della dignità delle persone fisiche, con particolare riferimento alla riservatezza e all'identità personale, ed ha garantito altresì i diritti delle persone giuridiche e di ogni altro ente o associazione[87].

In particolare, il diritto all'identità personale è tutelato dall'art. 2 Cost., e consiste nel "diritto ad essere sé stessi, inteso come rispetto dell'immagine di partecipe alla vita associata, con le acquisizioni, le idee, e le esperienze, con le convinzioni ideologiche, religiose, morali e sociali che differenziano ed al tempo stesso qualificano l'individuo"[88].

Inoltre, ai sensi dell'art. 1 c.2 lett. c) L. 675/1996, per "dato personale" s'intende "qualsiasi informazione relativa a persona fisica, persona giuridica, ente o associazione, identificati o identificabili,

---

[87] Cfr. L. 31 dicembre 1996 n. 675, art.1.
[88] Cfr. F. Gazzoni, op.cit., p. 175.

anche indirettamente, mediante riferimento a qualsiasi altra informazione, ivi compreso un numero d'identificazione personale".

Come si può vedere, l'ambito giuridico-concettuale della nozione di "dato personale" disegnato dalla legge italiana è dunque delimitato ai dati esclusivamente personali, e non comprende i dati non personali[89], i trattamenti dei dati personali effettuati per fini esclusivamente personali, cioè quelle raccolte utilizzate per scopi personali e non rientranti nella normale attività professionale o imprenditoriale, ed alcuni particolari trattamenti in ambito pubblico[90].

In base a quanto detto finora, è ragionevole dedurre che la nozione di trattamento, enunciata dall'art. 1 c.2 lett. b) L. 675/1996[91] dev'essere correlata a quella di "banca dati", che costituisce la pietra angolare e il vero fondamento della L. 675/1996, che non a caso la pone alla lett. a) dell'art. 1 c.2: "per banca dati s'intende qualsiasi complesso di dati personali, ripartito in una o più unità dislocate in

---

[89] Cfr. E. Giannantonio, op. cit. 45, secondo cui "per dati non personali si devono intendere non solo i dati che non si riferiscono in alcun modo a una persona come, ad esempio, l'altezza di una montagna o la lunghezza di un fiume, ma anche quei dati che, pur riferendosi a persone fisiche o ad altri soggetti giuridici, abbiano forma anonima o comunque non siano idonei ad identificare la persona alla quale si riferiscono".

[90] Cfr. Giannantonio, op.cit., 46, che enuncia le categorie di dati alle quali la legge non si applica ex art. 4 l. 675/1996: si pensi al Centro elaborazione dati del Dipartimento di P.S. del ministero dell'Interno in relazione ai dati trattati in virtù dell'accordo di Schengen, ai centri dei servizi per l'informazione e la sicurezza in relazione ai dati coperti dal segreto di Stato previsti dall'art. 12 l. 24 ottobre 1977 n.901, ecc.

[91] Secondo tale norma, per "trattamento" s'intende "qualunque operazione o complesso di operazioni, svolte con o senza l'ausilio di mezzi elettronici o comunque automatizzati, concernenti la raccolta, la registrazione, l'organizzazione, la conservazione, l'elaborazione, la modificazione, la selezione, l'estrazione, il raffronto, l'utilizzo, l'interconnessione, il blocco, la comunicazione, la diffusione, la cancellazione, e la distruzione dei dati".

uno o più siti, ed organizzato secondo una pluralità di criteri determinati tali da facilitarne il trattamento".

L'art. 3 della dir. 96/9/CE sulla tutela giuridica delle banche dati, poi recepita dal D. Lgs. 169/1999, che ha modificato la L. 22 aprile del 1941 n. 633 sul diritto d'autore, ha enunciato i presupposti in virtù dei quali le banche dati sono soggette alla disciplina della legge sul diritto d'autore, e cioè in quanto costituiscono, per la scelta o la disposizione del materiale, una creazione dell'ingegno propria del loro autore.

Su questa base, l'art. 2 n.9 L. 633/1941, definendo le banche dati come "raccolte di opere, dati o altri elementi indipendenti sistematicamente o metodicamente disposti, ed individualmente accessibili mediante mezzi elettronici o in altro modo", ha limitato tassativamente la loro tutela alla situazione giuridica dell'involucro, senza possibilità di estensione al loro contenuto.

In questo complesso ed eterogeneo contesto normativo, la vera novità introdotta dalla L. 675/1996 è costituita dalla previsione del requisito del consenso della persona interessata al trattamento dei dati, da cui dipendono una serie di altri diritti spettanti all'interessato, come l'accesso ai dati, la cancellazione e la rettifica dei dati, l'opposizione al trattamento dei dati.

Inoltre il trattamento dei dati, per essere lecito, oltre che del requisito del consenso dell'interessato, necessita dei requisiti oggettivi stabiliti dall'art. 9 L. 675/1996, e cioè la liceità, la correttezza, e la pertinenza a scopi determinati, espliciti, e legittimi.

Per quanto concerne infine l'aspetto della protezione dei dati contenuti nel *computer*, come si ricorderà, il c.1 dell'art. 615- ter c.p. prevede la condotta di chiunque s'introduce abusivamente in un sistema informatico o telematico protetto da misure di sicurezza, che dunque rappresentano un elemento costitutivo del reato: se l'accesso avviene in un sistema non protetto da misure di sicurezza, tale condotta integra un fatto penalmente irrilevante.

L'art. 15 L. 675/1996 stabiliva che "i dati personali oggetto di trattamento devono essere custoditi e controllati, anche in relazione alle conoscenze acquisite in base al progresso tecnico, alla natura dei dati ed alle specifiche caratteristiche del trattamento, in modo da ridurre al minimo, mediante l'adozione di idonee e preventive misure di sicurezza, i rischi di distruzione o di perdita, anche accidentale, dei dati stessi, di accesso non autorizzato o di trattamento non consentito o non conforme alle finalità della raccolta".

Non a caso, anche l'art. 615-quater c.p., che punisce la detenzione e diffusione abusiva di codici di accesso a sistemi informatici o telematici, ha ad oggetto sistemi informatici o telematici protetti da misure di sicurezza, e l'art. 635-bis c.p., sancendo l'illiceità penale del danneggiamento di sistemi informatici e telematici, ha ad oggetto, oltre al sistema informatico o telematico, anche programmi, informazioni o dati altrui.

Con il d.P.R. n. 318 del 28 luglio 1999, il legislatore ha specificato le singole misure minime di sicurezza che devono essere adottate, e le ha enucleate come "il complesso delle misure tecniche, informatiche, organizzative, logistiche, e procedurali, di sicurezza, previste nel presente regolamento, che configurano il livello minimo di protezione richiesto in relazione ai rischi previsti dall'art. 15 c.1 L. 675/1996"[92].

---

[92] Cfr. art. 1 c.1 lett.a dPR 318/1999

La nuova disciplina sulla tutela dei dati personali introdotta dal Codice della privacy.

Il Codice della *privacy*, approvato con D. Lgs. 30 giugno 2003 n. 196, pubblicato nella G.U. del 29 luglio 2003 n. 174, ed entrato in vigore il 1° gennaio 2004, è in realtà un testo unico, seppure con una caratteristica del tutto peculiare, in quanto non contiene disposizioni regolamentari, ma solamente norme legislative.

Un'altra caratteristica molto importante riguarda l'ambito di applicazione del Codice della *privacy*, disciplinato dall'art. 5 D. Lgs. 196/2003. Tale norma è molto innovativa rispetto alla L. 675/1996 per alcune importanti ragioni.

In primo luogo, con riferimento all'ambito specifico di applicazione della legge, si passa dal principio di territorialità previsto dall'art. 2 L. 675/1996, al principio di stabilimento, di matrice comunitaria[93], contemplato da nuovo art. 5 D. Lgs. 196/2003.

Secondo l'art. 2 L. 675/1996, tale legge si applicava solamente al trattamento dei dati personali da chiunque effettuato nel territorio dello Stato, disposizione che rendeva tale legge una norma di

---

[93] Cfr. art. 43 Tratt. CE, che afferma il principio della libertà di stabilimento e stabilisce che sono vietate "le restrizioni alla libertà di stabilimento dei cittadini di uno Stato membro nel territorio di un altro Stato membro", e che "la libertà di stabilimento importa l'accesso alle attività non salariate ed al loro esercizio, nonché la costituzione e la gestione di imprese e di società di diritto civile o di diritto commerciale, alle condizioni definite dalla legislazione del Paese di stabilimento nei confronti dei propri cittadini, fatte salve le disposizioni del capo relativo ai capitali".

applicazione necessaria in tutte quelle materie nelle quali vi fossero elementi di internazionalità[94].

Al contrario, in virtù del nuovo 5 D. Lgs. 196/2003, tale normativa si applica sia ai dati personali detenuti in Italia sia a quelli detenuti all'estero, purché il trattamento sia effettuato da persona stabilita nel territorio dello Stato o in un luogo comunque soggetto alla sovranità dello Stato[95].

Da tale principio consegue che, nell'ambito del Diritto Internazionale Privato, la materia del trattamento dei dati personali dovrà essere ricondotta nell'ambito dell'art. 24 c.1 L. 218/1995, secondo cui "l'esistenza e il contenuto dei diritti della personalità sono regolati dalla legge nazionale del soggetto", a meno che non derivino da rapporti di famiglia o da fatti illeciti, nei quali casi si applicano le leggi che regolano tali rapporti.

In secondo luogo, l'art. 5 c.2 stabilisce l'applicazione del "Codice della *privacy*" anche al trattamento di dati personali effettuato da chi è stabilito in un Paese non appartenente all'Unione Europea che impieghi, per il trattamento "strumenti situati nel territorio dello Stato anche diversi da quelli elettronici, salvo che essi siano utilizzati ai fini di

---

[94] L'art. 17 della l. 31 maggio 1995 n. 218 stabilisce che "è fatta salva la prevalenza sulle disposizioni che seguono delle norme italiane che, in considerazione del loro oggetto e del loro scopo, debbono essere applicate nonostante il richiamo alla legge straniera".

[95] Cfr. artt. 4 c.2 c.p., secondo cui "agli effetti della legge penale, è territorio dello Stato il territorio della Repubblica ed ogni altro luogo soggetto alla sovranità dello Stato", e 3 c.2 l. 27 maggio 1929 n. 810 esecutiva del Trattato fra la Santa Sede e l'Italia, secondo cui con l'espressione "territorio soggetto alla sovranità dello Stato" si fa riferimento in particolare al territorio di Piazza S.Pietro in Roma, che "continuerà ad essere soggetta ai poteri di polizia delle Autorità italiane".

transito nel territorio dell'Unione Europea", mentre l'art. 2 c.1-bis L. 675/1996 parlava semplicemente di "mezzi".

Questa differenza è notevole, sia sotto il profilo semantico sia sotto quello giuridico, perché mentre il termine "mezzi" indica l'insieme generico delle risorse tecniche e tecnologiche finalizzate al trattamento dei dati, e quindi con riguardo ai sistemi informatici o telematici si riferiva solo alle apparecchiature *hardware* che costituiscono il sistema, il termine "strumenti" si riferisce anche al *software* e ai programmi informatici finalizzati a tale scopo[96].

Premesso ciò, il "Codice della *privacy*" prevede una serie di princìpi generali (artt. 1-6) nei quali vengono definitivamente superati quegli equivoci e cancellate quelle ambiguità che avevano caratterizzato la precedente normativa sui dati personali.

Infatti il testo della L. 675/1996, pur dando una definizione del concetto di "dato personale"[97], non aveva dettato una disciplina tanto dei dati personali stessi, quanto del loro trattamento, come si poteva evincere chiaramente dall'art. 2 della legge medesima.

Vi era una grande incertezza sul concetto di riservatezza, che sia la dottrina sia la giurisprudenza avevano ripetutamente tentato di interpretare e di definire, ma riguardo al quale non esisteva alcuna

---

[96] Tale concetto è ribadito dall'art. 4 c.3 lett.b d.lgs. 196/2003, secondo cui per "strumenti elettronici" devono intendersi "gli elaboratori, i programmi per elaboratori e qualunque dispositivo elettronico o comunque automatizzato con cui si effettua il trattamento".
[97] Vedi *infra* pag. 30.

esplicita disposizione legislativa che lo definisse, lo riconoscesse, o lo disciplinasse.

Rifacendosi all'art. 8 della Carta Europea dei Diritti Fondamentali solennemente proclamata a Nizza il 7 dicembre 2000[98], l'art. 1 del D. Lgs. 196/2003 definisce il diritto alla protezione dei dati personali come un fondamentale ed universale riconosciuto a chiunque.

In questo contesto, l'art. 2 c.1 inquadra il diritto alla protezione dei dati personali tra i diritti fondamentali della persona, includendovi anche il diritto alla riservatezza e quello all'identità personale[99].

Inoltre, l'art. 3 introduce un importante principio relativo al trattamento dei dati, cioè il principio di necessità: l'utilizzazione dei dati personali e dei dati identificativi nei sistemi informativi e nei programmi informatici dev'essere ridotta al minimo, ed il relativo trattamento deve essere escluso quando gli stessi scopi possono essere ottenuti tramite l'utilizzazione di dati anonimi od altre modalità che consentano l'identificazione dell'interessato solo in caso di necessità.

A questo proposito, l'art. 11 prevede una serie di obblighi relativi al trattamento dei dati personali[100] e, al comma secondo,

---

[98] Vedi *infra* pag. 28.
[99] Vedi *infra* pag. 30.
[100] Tale norma stabilisce che i dati personali "devono essere trattati in modo lecito e secondo correttezza; raccolti e registrati per scopi determinati, espliciti e legittimi ed utilizzati in altre operazioni del trattamento in termini compatibili con tali scopi; esatti e, se necessario, aggiornati; pertinenti, completi, e non eccedenti rispetto alle finalità per le quali sono raccolti e successivamente trattati; conservati in una forma che consenta l'identificazione dell'interessato per un periodo di tempo non superiore a quello necessario agli scopi per i quali essi sono stati raccolti o successivamente trattati".

stabilisce il fondamentale principio dell'inutilizzabilità dei dati personali trattati in violazione della "disciplina rilevante"[101] in materia di trattamento dei dati medesimi.

Questa norma prevede fondamentalmente i princìpi di pertinenza, secondo cui il trattamento dei dati deve essere giustificato da un determinato scopo; di non eccedenza, secondo cui il trattamento non deve debordare rispetto allo scopo previsto; di completezza, e di aggiornamento, secondo cui i dati raccolti non devono essere inesatti, incompleti, o datati.

Inoltre, l'art. 12 contempla la facoltà del Garante di promuovere, nell'ambito delle categorie interessate, e tenendo conto delle direttive e delle raccomandazioni del Consiglio d'Europa, la sottoscrizione di codici di deontologia e di buona condotta per regolamentare il trattamento dei dati personali in determinati settori.

Ad esempio, sono stati già approvati i Codici deontologici relativi all'attività giornalistica, all'attività di ricerca storica, all'attività di ricerca statistica pubblica, mentre dovranno essere approvati nei prossimi anni altri Codici deontologici, tra cui quello sulle investigazioni difensive, quello sull' informazione commerciale nei settori bancario, finanziario ed assicurativo, quello su Internet e le reti telematiche.

---

[101] Tale espressione dev'essere riferita sia alle disposizioni legislative sia a quelle risultanti dai codici deontologici e di buona condotta, anche le disposizioni contenute in questi ultimi non hanno natura di norme giuridiche.

Come accennato, l'art. 3 c.1 D. Lgs. 196/2003 parla non di sistemi informatici, bensì di "sistemi informativi". Tale espressione ha un significato più ampio della prima, in quanto si riferisce a tutti quei sistemi, informatici e non informatici, funzionali e alla gestione ed al trattamento delle informazioni.

Su questa base, l'art. 13 c.1 D. Lgs. 196/2003 indica il contenuto dell'obbligo di informativa circa il trattamento dei dati personali[102], che incombe sul titolare del trattamento. A tale obbligo, corrisponde il diritto dell'interessato a dare il consenso al trattamento dei dati, che, ai sensi dell'art. 23 D. Lgs. 196/2003, dev'essere espresso, può riguardare l'intero trattamento ovvero una operazioni sullo stesso, è validamente prestato solo se è espresso liberamente e specificamente in riferimento ad un trattamento chiaramente individuato, se è documentato per iscritto, e se sono state rese all'interessato le informazioni di cui all'art. 13, e, infine, dev'essere manifestato in forma scritta quando il trattamento riguarda dati sensibili[103].

---

[102] In particolare, ai sensi della presente norma, "l'interessato o la persona presso la quale sono raccolti i dati personali sono previamente informati oralmente o per iscritto circa: le finalità e le modalità del trattamento cui sono destinati i dati; la natura obbligatoria o facoltativa del conferimento dei dati; le conseguenze di un eventuale rifiuto di rispondere; i soggetti o le categorie do soggetti ai quali i dati personali possono essere comunicati o che possono venirne a conoscenza in qualità di responsabili o incaricati, e nell'ambito di diffusione dei dati medesimi; i diritti all'accesso stabiliti dall'art. 7; gli estremi identificativi del titolare e, se designati, del rappresentante nel territorio dello Stato ai sensi dell'art. 5 e del responsabile".

[103] L'art. 4 c.1 lett.d, definisce come sensibili "i dati personali idonei a rivelare l'origine razziale ed etnica, le convinzioni religiose, filosofiche, o di altro genere, le opinioni politiche, l'adesione a partiti, sindacati, associazioni od organizzazioni a carattere religioso, filosofico, politico, o sindacale, nonché i dati personali idonei a rivelare lo stato di salute e la vita sessuale".

Tale categoria di dati è contemplata dagli artt. 20-22 e si differenzia dai dati comuni, per i quali, se trattati per finalità istituzionali, non è necessario il consenso degli interessati. Al contrario, le informazioni relative a dati sensibili possono essere trattate solo se una specifica norma di legge indichi espressamente le finalità del trattamento, che dovranno essere di rilevante interesse pubblico; le tipologie di dati assoggettabili al trattamento; le tipologie di operazioni eseguibili sui dati medesimi.

Con riferimento alle misure di sicurezza, il D. Lgs. 196/2003 all'art. 31, riproduce sostanzialmente l'art. 15 della L. 675/1996 ora abrogata.

Tuttavia, la disciplina della L. 675/1996 non è riprodotta pedissequamente, ma è sviluppata, innovata, ed implementata, in quanto il D. Lgs. 196/2003 definisce meglio le misure di sicurezza, sia distinguendo le misure idonee e preventive, di cui all'art. 31, dalle misure minime, di cui agli artt. 33-35[104], sia prevedendo un allegato, il c.d. "Disciplinare tecnico", che contiene un elenco delle misure

---

[104] Particolarmente importante a tale proposito è l'art. 34, relativo ai trattamenti effettuati con strumenti elettronici, che dispone che "il trattamento di dati personali è consentito solo se sono adottate, nei modi previsti dal Disciplinare tecnico contenuto nell'allegato B, le seguenti misure minime: autenticazione informatica; adozione di procedure di gestione delle credenziali di autenticazione; utilizzazione di un sistema di autorizzazione; aggiornamento periodico dell'individuazione dell'ambito del trattamento consentito ai singoli incaricati ed addetti alla gestione o alla manutenzione degli strumenti elettronici; protezione degli strumenti elettronici e dei dati rispetto a trattamenti illeciti di dati, ad accessi non consentiti, e a determinati programmi informatici; adozione di procedure per la custodia di copie di sicurezza, il ripristino della disponibilità dei dati e dei sistemi; tenuta di un aggiornato documento programmatico sulla sicurezza; adozione di tecniche di cifratura o di codici identificativi per determinati trattamenti di dati idonei a rivelare lo stato di salute o la vita sessuale effettuati da organismi sanitari".

minime di sicurezza, ed è aggiornato periodicamente dal Ministero della Giustizia.

Anche con riferimento alla responsabilità conseguente alla violazione delle norme sul trattamento dei dati personali, il D. Lgs. 196/2003 riprende il regime della L. 675/1996.

Nella L. 675/1996, la responsabilità di diritto civile si evinceva in particolare dagli artt. 18 e 29 c.9°.

Tale combinato disposto è ora sostanzialmente riprodotto dall'art. 15 D. Lgs. 196/2003, che stabilisce che "chiunque cagiona danno ad altri per effetto del trattamento dei dati personali è tenuto al risarcimento ai sensi dell'art. 2050 del codice civile"[105].

Tale norma stabilisce inoltre che il danno non patrimoniale[106] è risarcibile sia in seguito a lesione dei diritti soggettivi per effetto del trattamento dei dati personali, sia nell'ipotesi di violazione delle modalità del trattamento dei dati previste dall'art. 11.

Inoltre, con riferimento alle vie di tutela in sede civile, l'art. 29 L. 675/1996 c. 1° prevedeva che l'interessato poteva far valere i diritti

---

[105] L'art. 2050 c.c., rubricato "Responsabilità per l'esercizio di atività pericolosa", stabilisce quanto segue: "Chiunque cagiona danno ad altri nello svolgimento di un'attività pericolosa, per sua natura o per la natura dei mezzi adoperati, è tenuto al risarcimento se non prova di avere adottato tutte le misure idonee ad evitare il danno".

[106] Con riferimento al danno non patrimoniale cfr. le sentt. Cass. nn. 8827 e 8828 del 31 maggio 2003, che hanno sostanzialmente ridefinito il concetto di danno non patrimoniale, che prima veniva quasi sempre identificato con il danno morale soggettivo e quindi risarcito quando il fatto integrava gli estremi di un reato ex art. 2059 c.c. Dopo queste sentenze, il concetto di danno non patrimoniale è stato ricollegato alla tutela di interessi di tipo costituzionale, ampliato, fino a ricomprendersi non solo il danno biologico e il danno morale soggettivo, ma altre e nuove categorie di danno, come il danno esistenziale, il danno familiare, il danno parentale, ecc., e, in ultima analisi, sottratto al limite dell'art. 2059 c.c. per cui la sua risarcibilità viene ora ammessa anche se il fatto non integra gli estremi di un reato.

che la legge gli conferiva davanti all'autorità giudiziaria o con ricorso al Garante, che però non poteva essere più proposto qualora le stesse parti per lo stesso oggetto avessero già adito l'Autorità giudiziaria.

Implementando ulteriormente tale disciplina, l'art. 141 D. Lgs. 196/2003 stabilisce tre diverse forme di tutela attraverso le quali l'interessato può rivolgersi al Garante o all'Autorità giudiziaria, che sono il reclamo circostanziato[107], la segnalazione[108] ed il ricorso[109].

La competenza generale dell'Autorità giudiziaria ordinaria, ai sensi dell'art. 152, ha ad oggetto tutte le controversie concernenti l'applicazione delle disposizioni del Codice della *privacy*, e quelle che riguardano i provvedimenti del Garante in materia di protezione dei dati personali o la mancata adozione di tali provvedimenti.

Sotto il profilo penale, sono previsti alcuni importanti illeciti, tra cui il delitto di trattamento illecito dei dati, ex art. 167, il delitto di falsità nelle dichiarazioni e notificazioni al Garante, di cui all'art. 168, la contravvenzione della mancata adozione di misure di sicurezza, ex art. 169.

---

[107] A tale proposito, in base al combinato disposto degli artt. 141 c.1 lett.a e 142, il reclamo deve rappresentare una violazione della disciplina rilevante in materia di trattamento di dati personali, ed essere circostanziato, cioè contenere un'indicazione per quanto possibile dettagliata dei fatti e delle circostanze su cui si fonda, delle disposizioni che si presumono violate e delle misure richieste, nonché gli estremi identificativi del titolare, del responsabile, ove conosciuto, e dell'istante. Inoltre, il reclamo dev'essere sottoscritto dagli interessati, o da associazioni che li rappresentano anche ai sensi dell'art. 9 c.2, è presentato al Garante senza particolari formalità, e deve recare in allegato la documentazione utile ai fini della sua valutazione e l'eventuale procura, ed indicare un recapito per l'invio di comunicazioni anche tramite posta elettronica, telefax, o telefono.
[108] L'art. 141 c.1 lett. B prevede la forma della segnalazione, cioè una denuncia informale, quando non è possibile presentare reclamo circostanziato ai sensi della lett. a), con il fine di sollecitare un controllo da parte del Garante sulla disciplina medesima.
[109] L'art. 141 c.1 lett.c) prevede il ricorso come mezzo tipico per far valere i diritti previsti dall'art. 7.

Con riferimento particolare a quest'ultima ipotesi, è da notare che l'art. 36 c.1 L. 675/1996, nel prevedere la contravvenzione dell'omessa adozione, si riferiva alle misure necessarie a garantire la sicurezza dei dati personali, mentre l'art. 169 D. Lgs. 196/2003 si riferisce specificamente alle misure minime previste dall'art. 33 del codice della *privacy*.

Da notare che, se i dati personali sono custoditi in un sistema con l'adozione delle suestese misure di sicurezza, la condotta del soggetto che viola i dispositivi di protezione, secondo la giurisprudenza di legittimità, non assume rilevanza di per sé, ma solo "come eventuale manifestazione di una volontà contraria a quella di chi dispone legittimamente del sistema: l'art. 615-ter, infatti, punisce al c.1, non solo chi abusivamente s'introduce in tali sistemi, ma anche chi vi si trattiene contro la volontà esplicita o tacita di colui che ha il diritto di escluderlo"[110].

Particolari categorie di dati.

Un'ultima serie di considerazioni dev'essere fatta con riferimento ad alcune peculiari categorie di dati personali.

La parte II del D. Lgs. 196/2003 prevede una serie di disposizioni relative a specifiche categorie di dati personali, quali ad esempio i trattamenti dei dati in ambito giudiziario, quelli effettuati da parte di forze di Polizia, i dati relativi alla difesa ed alla sicurezza dello

---

[110] Cfr. Cass. sez. V 00/217743.

Stato, i trattamenti in ambito pubblico, i trattamenti in ambito sanitario, i trattamenti dei dati relativi all'istruzione, al lavoro e alla previdenza sociale, al sistema bancario, finanziario, ed assicurativo, alle comunicazioni elettroniche, alle libere professioni e all'attività d'investigazione privata, al giornalismo e alle espressioni letterarie ed artistiche.

Infine, l'art. 615-ter c.3 prevede aggravamenti di pena con particolare riferimento all'accesso abusivo a sistemi informatici o telematici che custodiscono dati d'interesse pubblico o militare, ovvero dati qualificati relativi all'ordine pubblico[111], alla sicurezza pubblica, alla sanità, o alla protezione civile.

In conclusione, si è discusso in dottrina sulla natura dei dati contenuti nei sistemi informatici d'interesse pubblico previsti dall'art. 615-ter c.3 c.p..

Come già detto a proposito della teoria del domicilio informatico come bene giuridico tutelato dall'art. 615-ter[112], una delle obiezioni opposte a tale concezione è quella basata proprio sull'esistenza del terzo comma dell'art. 615-ter c.p..

Come detto, in tanto non si potrebbe parlare di domicilio informatico, in quanto i sistemi informatici o telematici d'interesse

---

[111] Si ricorda che in dottrina esistono due concezioni sul significato di "ordine pubblico": secondo una prima teoria tale concetto dev'essere inteso nel senso di "ordine pubblico normativo, legale, e costituzionale"; secondo un altro orientamento il concetto di "ordine pubblico" va inteso in senso materiale, cioè come "condizione di pacifica convivenza, buon assetto e regolare andamento del vivere civile". Questa seconda tesi è quella ritenuta prevalente.
[112] Cfr. *infra* pag. 24.

pubblico o militare, e i dati in essi contenuti, per il loro carattere eminentemente pubblicistico, non potrebbero rappresentare espressione di una qualsivoglia sfera privata[113].

Tale orientamento è oramai suffragato dall'avvenuto riconoscimento normativo dei diritti alla riservatezza, all'identità personale, ed alla protezione dei personali, espressamente previsti dall'art. 2 D. Lgs. 196/2003.

Argomentando da tale norma, bisognerebbe concludere che anche i dati informatici a carattere pubblicistico o militare non sono elementi materiali o patrimoniali oggetto di un diritto assoluto di tipo patrimoniale, e tutelati come cose materiali invisibili contenute in uno spazio o in un luogo informatico qualificabile come "domicilio informatico" ma sono invece proiezioni riflesse di una personalità, con la differenza che in quest'ultimo caso si tratterebbe non di quella privata degli individui, ma di quella pubblica dello Stato.

---

[113] Cfr. C.Pecorella, op.cit., 316; Berghella-Blaiotta, *Diritto Penale dell'Informatica e beni giuridici*, in *Cassazione Penale* 1995, 2329 ss.

Conclusione.

Come già accennato, la difficoltà di collocare il reato di accesso abusivo come reato di pericolo astratto o reato di danno è legato al problema di identificare il bene giuridico tutelato dal reato informatico.

L'introduzione in un sistema informatico o telematico, nel momento in cui sono state superate le barriere poste a protezione, determina una situazione di messa in pericolo degli interessi del soggetto che subisce l'intrusione o concretizza, piuttosto, un danno una lesione concreta ed effettiva della sfera di interessi che il titolare voleva proteggere?

L'assimilazione dei sistemi informatici ai luoghi privati riconducibili al domicilio penalmente inteso, ha consentito di coniare il concetto di "domicilio informatico", anche se tale teoria non terrebbe conto del requisito della protezione del sistema mediante misure di sicurezza. Infatti la tutela penale non opera in modo indiscriminato, ma si rivolge esclusivamente a quei sistemi informatici o telematici alla cui riservatezza il titolare ha mostrato interesse attraverso la predisposizione di barriere (informatiche e non) contro le eventuali intrusioni altrui. La scelta di limitare la configurabilità del reato appare del tutto irragionevole se l'oggetto della protezione fosse solo l'elaboratore come "spazio privato" o anche solo come "spazio informatico". Non sempre questi beni giuridici sono tutelabili. Non lo sono quando il titolare non ha predisposto le misure di sicurezza e in queste ipotesi sarà da escludere la sussistenza del reato stesso. Non sembra potersi sostenere una unitarietà del concetto di bene giuridico.

Ecco quindi dimostrata la tesi, definita della lesione della riservatezza informatica o telematica, secondo la quale non solo il reato è un reato di danno ma tutela (insieme ad altri beni giuridici) la segretezza di ogni dato e di ogni programma memorizzato nel sistema proprio in quanto facenti parte della sfera di riservatezza del titolare dello *ius excludendi alios* e danneggiati dall'accesso alla conoscenza, dall'introduzione nel sistema o dall'indiscrezione subita e non desiderata.

Bibliografia.

- A. Catricalà, "*L'Esame di Diritto Civile*", Maggioli 2002.
- A. Rossi Vannini, "*La criminalità informatica: le tipologie di computer crimes di cui alla l. 547/93 dirette alla tutela della riservatezza e del segreto*", in *Riv.Trim. Dir.Pen. Econ.*, 1994, VIII, 427 ss. .
- Borruso/Buonuomo/D'Ajetti/Corasaniti, "*Profili penali dell'informatica*", Giuffrè, Milano, 1994.
- C.Pecorella, "*Il diritto penale dell'Informatica*", CEDAM 2000.
- Clarich, "*Privacy Informatica: prime osservazioni*", e Comandè, "*Privacy Informatica: prospettive e problemi*", in *Danno e responsabilità* 1997, 137 ss.
- Crespi-Stella-Zuccalà, "*Commentario Breve al Codice Penale – Complemento Giurisprudenziale*", CEDAM 2001.
- Crespi-Stella-Zuccalà, "*Commentario Breve al Codice Penale*", CEDAM 1999.
- Cuomo-Triberti, "*Criminalità informatica: approvata la legge*", in *Il corriere Giuridico V*, 1994, 535 ss.
- De Luca, "*I reati informatici*", in *Giurisprudenza piemontese* 1999, 140 ss.
- E. Giannantonio, "*I reati informatici*" in *Relazione dal Seminario sui computer crimes*, 2000.
- E. Giannantonio, "*Manuale di Diritto dell'Informatica Vol. I*", CEDAM 2001.
- E. Giannantonio, "*Manuale di Diritto dell'Informatica*", CEDAM 1999.

- E. Tosi, *"Computer Crimes: il Computer Misuse Act"*, in *Riv.Pen* 1992, 825 ss.

- F. Antolisei, *"Manuale di Diritto Penale - Parte speciale"*, Giuffrè 1999.

- F. Berghella–R. Blaiotta, *"Diritto penale dell'informatica e beni giuridici"*, in *Cass. Pen.*, 1995, 2329 ss.

- F. Mantovani, *"Manuale di Diritto Penale – Parte speciale: Delitti contro la persona"*, CEDAM 1999.

- F. Mantovani, *"Manuale di Diritto Penale"*, CEDAM 1999.

- F. Pazienza, *"In tema di criminalità informatica: l'art. 4 della L. 23 dicembre 1993, n. 547"*, in *Riv. It. Dir. Proc. Pen.*, XXXVIII, 1995, II, 751 ss.

- F.Gazzoni, *"Manuale di Diritto Privato"*, Ed. Scientifiche, Napoli, 1998.

- F.Mucciarelli, *"Commento all'art. 4 L. 547/93"*, in *Legislaz. Pen.* 1996, 98 ss.

- G. Buonomo, *"Le responsabilità penali"* in *"I problemi giuridici di Internet"*, a cura di E.Tosi, Milano, 1999, 327 ss.

- G. Corrias Lucente, *"Brevi note in tema di accesso abusivo e frode informatica: uno strumento per la tutela penale dei servizi – Commento alla Sent. Cass. VI sez. pen. 4 ottobre 1999"*, in *Dir.Informaz. Inf.* 2001, 485 ss.

- G. Corrias Lucente, *"Informatica e Diritto Penale: elementi per una comparazione con il diritto statunitense- Parte I°"*, in *Dir. Informaz. Inf.* 1987, 167 ss.

- G. Pica, *"Diritto Penale delle Tecnologie informatiche"*, UTET 1999.

- G.Corasaniti, *"La tutela penale dei sistemi informativi e telematici"*, in *"Relazione presentata al Convegno Nazionale su 'Informatica e riservatezza del CNUCE'"* - Pisa 26/27 settembre 1998.
- G.Pica, *"Reati informatici e telematici"*, in *Digesto sez. Penale, Aggiornamento* 2000, 521 ss.
- L. Picotti, *"La criminalità informatica: profili di diritto comparato"*, in *Crit. Pen.* 1989, I, 26 ss.
- L. Picotti, *"Le raccomandazioni del XV Congresso Internazionale di Diritto Penale in tema di Criminalità Informatica"*, in *Riv. Trim. Dir. Pen. Econ.,* 1995, VIII, 1279 ss.
- L.Picotti, *"Reati informatici"*, in *Enc. Giur.Trecc.* 1999, XXVI, 11 ss.
- Lusitano, *"In tema di accesso abusivo a sistemi informatici o telematici"*, in *Giur. It.,* 1998, 1923 ss.
- M. M. Correra-P. Martucci, *"L'evoluzione della criminalità informatica. Nuovi crimini e nuovi criminali"*, in *Rassegna it. criminologia*, 1991, 319 ss.
- M. Nunziata, *"La prima applicazione giurisprudenziale del delitto di accesso abusive ad un sistema informatico ex art. 615 ter c.p."*, in *Giurisprudenza di Merito*, 1998, 711 ss.
- M. Nunziata, *"La prima applicazione giurisprudenziale del delitto ex art. 615-ter"*, in *Giur. di Merito* 1998, II, 711 ss.
- M.M. Alma-C.Perroni, *"Riflessioni sull'attuazione delle norme a tutela dei sistemi informatici"*, in *Dir. Pen. e Processo*, 1997, IV, 504 ss.
- M.Mantovani, *"Brevi note a proposito della nuova legge sulla criminalità informatica"*, in *Critica del Diritto* 1994, IV, 12 ss.

- M.Valeri, *"Il delitto di accesso abusivo ad un sistema informatico"*, in *www.diritto.it*, 2003.

- N.Lipari, *"Trattato di Diritto Privato Europeo"* Vol. I, CEDAM 2003, 378 ss.

- P.Galdieri, *"Teoria e Pratica dell'interpretazione del Reato Informatico"*, Giuffrè, Milano, 1997.

- Parodi, *"Accesso abusivo, frode informatica, rivelazione di documenti informatici segreti: rapporti da interpretare"*, in *Dir. pen. proc.*, 1998, 1039 ss.

- R.Nannucci, *"Lineamenti di Informatica Giuridica"*, Ed Scientifiche Italiane, Napoli 2002.

- V. Frosini, *"Telematica ed Informatica giuridica"*, in *Enc. Dir. Vol. XLIV*, 1992, 60 ss.

- A. Albanese-F. Cardoni, *"Introduzione all'uso del P.C."*, Esselibri, Napoli 2001.

- G.Fiandaca-E.Musco, *"Manuale di Diritto Penale – Parte generale"*, Zanichelli, Bologna, 1999.

- A.Torrente, *"Manuale di Diritto Privato"*, Giuffrè, Milano, 1999.

www.ingramcontent.com/pod-product-compliance
Lightning Source LLC
Chambersburg PA
CBHW061020050326
40689CB00012B/2699